Ulla Pfluger-Heist

Mal sehen, was das Leben noch zu bieten hat

Weise werden, aber wie? Eine Entdeckungsreise

HERDER

FREIBURG · BASEL · WIEN

Originalausgabe

www.herder.de

Umschlagkonzeption und -gestaltung:
R·M·E Eschlbeck / Botzenhardt / Kreuzer
Umschlagmotiv: © Bertram Walter

Satz: Barbara Herrmann, Freiburg
Herstellung: fgb · freiburger graphische betriebe
www.fgb.de

Gedruckt auf umweltfreundlichem, chlorfrei gebleichtem Papier
Printed in Germany

ISBN 978-3-451-06024-3

Für Erhard, der meinen „Weisheitsweg“ vielfältig teilt:
Mann, Lebenspartner, Seelengefährte,
bester Freund und liebster Feind.

Der Sommertag

Wer hat die Welt geschaffen?
Wer hat den Schwan geschaffen, und wer den schwarzen Bären?
Wer hat die Heuschrecke geschaffen?
Diese Heuschrecke, meine ich –
die, die sich aus dem Gras erhoben hat,
die, die Zucker aus meiner Hand frisst,
die ihren Kiefer vor und zurück, statt auf und nieder bewegt –
die sich umschaut mit ihren riesigen, komplizierten Augen.
Jetzt hebt sie ihre blassen Vorderarme und wäscht sich gründlich ihr Gesicht.
Jetzt klappt sie ihre Flügel auf und schwebt weg.
Ich weiß nicht genau, was ein Gebet ist.
Ich weiß nur, wie man aufmerksam ist, wie man hinfällt
ins Gras hinein, wie man sich im Gras niederkniet,
wie man müßig und gesegnet ist, wie man durch die Felder streunt,
denn das ist es, was ich den ganzen Tag lang getan habe.
Sage mir, was hätte ich sonst tun sollen?
Stirbt nicht alles zu guter Letzt, und viel zu schnell?
Sage mir, was hast Du vor
mit Deinem einen, wilden, kostbaren Leben?*

Mary Oliver

---

* Mary Oliver, Der Sommertag. Aus: Saki Santorelli, Zerbrochen und doch ganz. Die heilende Kraft der Achtsamkeit, Arbor Verlag, Freiamt 1999, www.arbor-verlag.de, S. 17.

Inhalt

Bitte und Dank

Dieses Buch ist aufgebaut wie ein Roman – eins entwickelt sich aus dem anderen. Es verläuft entlang eines inneren Weges und entfaltet Kapitel für Kapitel seinen Sinn.

Dieses Buch hat auch mich auf eine innere Reise geführt. Das Schreiben kann, wie jede intensive schöpferische Auseinandersetzung, eine eigene Dynamik und Logik bekommen, die einen an der Hand nimmt und in Regionen führt, die man nicht vorausgesehen hat. Ich hoffe, dass das Buch auch bei den Leserinnen und Lesern einen schöpferischen Prozess in ihrer inneren Welt und in ihrer persönlichen Lebensgestaltung anstoßen kann.

Die Anregung, die Weisheitsentwicklung zum Kernthema des Buches zu machen, verdanke ich Judith Mark, meiner Lektorin beim Verlag Herder. Die ursprünglichen – auf einem Vortrag beruhenden – Gedanken über die biografische Entwicklung der Lebensphasen, die im Kapitel „Lebenslanges Lernen“ zu finden sind, haben so eine neue Ausrichtung bekommen, die sich als höchst inspirierend erwiesen hat. Judith Mark danke ich besonders auch für ihre klare und freilassende Begleitung bei der Entstehung des Textes, für ihre Bereitschaft, für alle Fragen und Probleme zur Verfügung zu stehen und für ihr Verständnis für meine Vorstellungen.

Ein weiterer Dank gilt Dr. Norbert Frey, der mir den Anstoß gab, Harry Potter zu lesen, was ich tat, weil ich seinen Rat als Psychologe, Literaturwissenschaftler und Mensch sehr hoch schätze. Von seinem Vortrag, „Wie alles sich zum Ganzen webt“, habe ich auch die Überschrift für die zweite Weisheitssäule „geliehen“.

Mit meinem Kollegen Karl Winter konnte ich auf manch gemeinsamer Fahrt Gedanken aussprechen und Ideen entwickeln. Er hat ebenso wie Dr. Barbara Hauler, Marion Warbinek, Christiane Liptak und Dr. Petra Moser die Texte mit unermüdlichem, liebevollem Eifer gelesen, mich ermutigt und auch zu weiterem Nachdenken und Überarbeitung angeregt.

Allen, die zugestimmt haben, dass ich ihre Entwicklungen in diesem Buch beschreiben darf, gilt ein ebenso großer Dank wie auch jenen, deren Erfahrungen hier nicht benannt, aber gleichwohl enthalten sind: Mit allen, die ich in Einzelsitzungen und in Seminaren begleite, gehe ich einen Weg gemeinsamen Lernens und Entwickelns – eine Möglichkeit, die ich als sehr kostbar erlebe und die mich mit tiefer Dankbarkeit erfüllt.

Ulla Pfluger-Heist

Prolog

Jung werden und weise bleiben – das paradoxe Hexeneinmaleins

Wir sehn mit Grausen ringsherum:
Die Leute werden alt und dumm.
Nur wir allein im weiten Kreise,
Wir bleiben jung und werden weise. *
Eugen Roth

Jeder will weise werden. Das behauptet jedenfalls die Entwicklungspsychologin Ursula Staudinger, die durch ihre Forschungen zur Weisheit bekannt geworden ist.

Ob wirklich jeder weise werden will, kann ich nicht sagen; auf mich trifft es jedoch zu. Weise werden wollte ich spätestens, seit ich als Kind Otfried Preußlers „Kleine Hexe" gelesen und dadurch Bekanntschaft mit dem Raben Abraxas gemacht habe, der ein „ausnehmend weiser Rabe war". Seine Weisheit ist daran zu erkennen, dass er nicht nur das krächzen kann, was ihm beigebracht wurde, sondern „auch alles andere"! Die kleine Hexe schätzt ihn, weil er rückhaltlos seine Meinung sagt und „nie ein Blatt vor den Schnabel" nimmt.

Die kleine Hexe ist – wie ihr Name schon vermuten lässt – noch jung. Sie ist erst „einhundertsiebenundzwanzig Jahre alt und das ist für eine Hexe noch gar kein Alter". Von den großen Hexen wird sie deshalb nicht für voll genommen. Genau das ist ihr Problem, das sie im Laufe der Geschichte lösen wird. Das war damals auch mein Problem

---

* Eugen Roth, Einbildung. Aus: Eugen Roth, Das Eugen Roth Buch, Carl Hanser Verlag 1966, S. 58, © Dr. Eugen Roth Erben, München.

und so wurde die „Kleine Hexe“ zu einem meiner Lieblingsbücher, das ich wieder und wieder gelesen habe. Es zeichnete mir Vorstellungsbilder für mein Leben und eröffnete mir Ideen zur Bewältigung der Lebensfragen, so wie sie sich mir damals stellten.

Bei Hexen scheint es genau umgekehrt zu sein wie bei uns. Die kleine Hexe leidet darunter, dass sie zu jung ist. In ihrer Welt ist noch kein Jugendwahn ausgebrochen, und sie würde sich wohl eher ein Aging-Elixier als eine Anti-Aging-Creme in ihrer Hexenküche zusammenbrauen. Können Sie sich das vorstellen? So verschieden können die Perspektiven sein, die man einnimmt!

Dabei ist der Blickwinkel der kleinen Hexe durchaus nicht ungewöhnlich. Es ist der Blickwinkel, den auch Kinder haben: Sie schauen nach vorne und wollen lernen und wachsen. Es ist der Blickwinkel des Jungseins: Kinder wollen „groß werden“. Sie haben ein zukünftiges Bild vor Augen, dem sie entgegenstreben. Großwerden wollen bedeutet ja nichts anderes als die Bereitschaft, sich weiterzuentwickeln und das ist es, was die kleine Hexe will. Mit Feuereifer geht sie an die Aufgabe, eine „gute“ Hexe zu werden. Sie hat dabei all die wunderbaren Eigenschaften der Jugend auf ihrer Seite: Die wache Neugier, das kindliche Staunen, die Offenheit der Möglichkeiten, die vielfältige Beeindruckbarkeit, die Frische der Empfindungen, die ungebrochene Begeisterungsfähigkeit und die leidenschaftliche Zuwendung zum Leben.

Die alten Hexen in Otfried Preußlers Kinderbuch sind dagegen böse geworden, *alt und dumm*. Besonders eine von ihnen missgönnt der kleinen Hexe ihre Jugend, ihren Übermut und ihre Lebensfreude – ihre ganze frische Lebendigkeit. Die alten Hexen sind nicht nur neidisch und eifersüchtig auf die Jugend der kleinen Hexe, sondern überhaupt festgefahren in ihrer Gefühlswelt und in ihrer Weltsicht: Ordnung muss sein, ist ihre oberste Devise und als sich die kleine Hexe unerlaubt beim Tanz auf dem Blocksberg eingeschlichen hat, soll sie streng bestraft werden. Ins Feuer mit ihr, findet die missgünstige Hexe, aber das geht der Oberhexe dann doch zu weit.

Ein solcher „böser" Zustand, wie ihn die alten Hexen verkörpern, hat psychologisch gesehen immer damit zu tun, dass man sich auf irgendeine Weise „gewaltsam von seinem ursprünglichen Charakter getrennt hat", wie C. G. Jung in seiner Abhandlung „Zur Psychologie des Kindarchetypus" schreibt. „Man ist unkindlich und künstlich geworden und hat so seine Wurzeln verloren." (Jung 1995, S. 176)

Die alten Hexen, das sehen wir ganz klar, müssten wieder jung werden. Dann wäre der Tanz auf dem Blocksberg kein Todestanz mehr, bei dem Blitz und Donner geschleudert werden, sondern ein Freudentanz zur Feier des Lebens, so wie ihn die kleine Hexe am Ende des Buches tanzt, nachdem sie die alten, bösen Hexen höchst trickreich überlistet hat. Bei Otfried Preußler muss die kleine Hexe diesen Lebenstanz noch ganz alleine zelebrieren, nur von Abraxas begleitet. Trotzdem singt sie laut jauchzend ihr „heia, Walpurgisnacht" durch die Dunkelheit. Sie ist allein, so können wir mutmaßen, weil die anderen Hexen sich nicht aufgemacht haben, wieder jung zu werden und Weisheit zu entwickeln. Auch das scheint ein realistisches Bild zu sein: Nur wenige gehen konsequent den Weg der Weisheit. Innerhalb einer groß angelegten Studie des Berliner Max-Planck-Institutes für Bildungsforschung wurde die höchstmögliche Punktzahl auf der Skala von niemandem erreicht! Die kleine Hexe tanzt wohl immer noch alleine um ihr Walpurgisnacht-Feuer.

Weisheit ist nicht gerade ein klassisches Thema innerhalb der Gerontologie, doch wurden die Forscher gerade durch die Beschäftigung mit dem Altern zur Weisheit geführt. Die Alternsforschung entwickelt sich rasant; wir werden ja immer älter. Die stärkste Bevölkerungsgruppe sind derzeit die Enddreißiger und die Mittfünfziger. Es gibt ein Drittel mehr 60-Jährige als 20-Jährige, im Jahr 2050 werden laut Statistik fast 60 Prozent der Bevölkerung über 60 Jahre alt sein.

Nicht nur die Lebenserwartung ist beachtlich gestiegen, sondern auch die Lebensqualität der Älteren. Die heute 70-Jährigen sind körperlich und geistig etwa so fit wie die 65-Jährigen vor 30 Jahren. Etwa fünf „gute“ Lebensjahre sind seither hinzugewonnen worden. Auch der gesundheitliche Zustand älterer Menschen ist heute um vieles besser als der vergleichbarer Altersgruppen in früherer Zeit. Während wir immer älter werden, werden wir anscheinend gleichzeitig immer jünger. Was die kleine Hexe wohl dazu sagen würde?

Dass wir immer älter werden, heißt keineswegs, dass wir auch immer weiser werden. Weisheit kommt nicht von alleine. Weisheit muss man erwerben. Sogar als Hexe. Auch das habe ich bei Otfried Preußler gelernt. Die kleine Hexe muss ihre Entwicklung selbst in die Hand nehmen. Sie hat ein Jahr Zeit, um den alten Hexen zu beweisen, dass sie „eine gute Hexe“ geworden ist und für würdig befunden wird, in der Walpurgisnacht auf dem Blocksberg mitzutanzen. In Dimensionen der Entwicklung gesehen ist ein Jahr eine sehr kurze Zeit, aber Hexenjahre sind mit Menschenjahren natürlich nicht vergleichbar. Im Menschenleben sind die Entwicklungszeiträume von anderer Dauer – besonders dann, wenn es um ein so komplexes Thema wie Weisheit geht. Damit man Weisheit entwickeln kann, muss und kann man nicht nur etwas tun; es braucht auch seine Zeit – sogar in der Zauberwelt der Hexen.

Als Kind war ich in der Verfolgung meines Weisheitsprojektes noch recht entmutigt von dem Gedanken, dass nur ganz bestimmte Menschen dafür bestimmt seien, weise zu werden. Hexen beispielsweise, die magische Fähigkeiten besitzen, und vor allem einen Raben, der sie in allen schwierigen Entscheidungen berät. Aber natürlich auch andere, die von der Natur mit besonderen Schätzen ihrer Persönlichkeit ausgestattet worden waren; mit Qualitäten und Talenten, die ich mit mir nicht in Verbindung bringen konnte – und so richtete sich meine Sehnsucht darauf, dass ich so sein wollte wie sie. Heute weiß ich, dass dies eine gute Strategie auf dem Weg zur Weisheit ist. Die Orientierung an Vorbildern, die Ausrichtung auf Personen, die Weisheit verkörpern, hilft dabei, selbst Weisheit zu entwickeln. Man braucht dafür Mentoren, Berater, mit denen man über die anstehenden Probleme sprechen, weise Personen, mit denen man im Dialog Visionen entwickeln und Lösungswege erarbeiten kann. Die kleine Hexe zum Beispiel konnte alle Fragen und Ungereimtheiten ihres Lebens mit dem Raben Abraxas verhandeln. Abraxas meldet sich auch von sich aus zu Wort, um zur Überprüfung des eigenen Handelns anzuregen, Klärung der Absichten und Beweggründe zu fordern oder Ermutigung zum Handeln zu geben, wenn es einmal als richtig und notwendig erkannt wurde.

Als Kind denkt man noch sehr magisch – und dieses magische Denken wird im Zeitalter der virtuellen Welten kräftig gefördert, bis weit ins Erwachsenenalter hinein. Auch mir wurde erst mit der Zeit klar, dass Weisheit nicht aus magischen Fähigkeiten erwächst, sondern aus gelebtem und durchdrungenem Leben. In der Weisheitsforschung, die Anfang der 1990er-Jahre als Zweig der Psychologie entstand, wird Weisheit als höchste Form des Wissens über die pragmatischen und fundamentalen Fragen der menschlichen Existenz definiert und auch von „Weisheitswissen" gesprochen. Das hat etwas Ermutigendes. Wissen kann man bekanntlich erwerben: Weise werden, das folgt daraus, kann jeder. Man muss es allerdings wollen.

Ich wollte das immer schon. Weisheit war für mich der Schlüssel zur Lösung aller meiner Probleme. Schon als Kind war ich eine begeisterte, geradezu fanatische Leseratte und das ist bis heute so geblieben. Meine Leseleidenschaft war vielleicht doch nicht so verkehrt, wie meine Eltern und auch meine Lehrer mir vorhielten, weil sie fürchteten, das Lesen würde mich von sinnvollen Beschäftigungen wie zum Beispiel Hausaufgaben machen oder Rasen mähen abhalten – was es tatsächlich auch sehr oft tat. Heute glaube ich, dass mein Unterricht in „Weisheitskunde" damals begann. Im Grunde ging ich dabei der Frage nach, wie man Lebenseinsicht, wie man Lebenskunst gewinnt. Das war – und ist – mein tiefes, brennendes Motiv dafür. Das, was ich in den Büchern suchte, wird von Ursula Staudinger in unserer heutigen Welt als fehlend angemahnt: Die Professorin, die das Zentrum für lebenslanges Lernen an der Jacobs University in Bremen leitet, sagt, dass wir zwar lesen, rechnen und schreiben können und auch über ein höchst spezifisches Fachwissen verfügen, mit dem wir unseren Lebensunterhalt verdienen. Aber das Handwerkszeug zur Lebensgestaltung, so lautet ihre Überzeugung, fehlt uns häufig. Den Weg der Weisheit gehe nur eine Minderheit, so wird Ursula Staudinger in der Zeitschrift „Die Zeit" zitiert, „denn er ist steinig". Wer ihn beschreite, müsse Dinge in Frage stellen, unbequem sein und die gegebenen Umstände verändern und verbessern wollen (Nr. 11, 6.3.08, S. 34).

So wie die kleine Hexe. Mit ihren jungen 127 Jahren macht sie sich auf diesen steinigen Weg: Nach dem Desaster ihres ersten Auftrittes auf dem Blocksberg will sie sich Mühe geben und nicht nur sechs, sondern sogar sieben Stunden am Tag lernen und üben! Und sie will Rache nehmen. Das wäre um ein Haar die Falle auf ihrem Weg zur Weisheit geworden. So wäre sie der Gefahr erlegen, genauso zu werden wie die alten Hexen: selbstbezogen und böse. Glücklicherweise aber steht ihr Abraxas zur Seite und überzeugt sie davon, dass sie mit Racheplänen keine gute Hexe werden kann. Die kleine Hexe trifft ihre Entscheidung, wohin sie sich entwickeln will. Und so bleibt ihr Weg zur Weisheit – jener Weg, den statistisch gesehen nur zwei von hundert gehen – arglos, offen und unbekümmert.

Die kleine Hexe ist nicht in die Falle getappt und alt und böse geworden. Sie ist gleich jung geblieben und der Gefahr der Verknöcherung gar nicht erst erlegen. Das ist ein Weg, der Hexen vielleicht offensteht, für uns Menschen aber nicht gangbar zu sein scheint. Alle Erfahrung spricht dagegen. Das Jungbleiben, das uns die Anti-Aging-Strategien versprechen, ist ja viel eher ein Weg in die Erstarrung eines Festhalten-Wollens hinein. Eine Studie, die in San Francisco durchgeführt wurde, brachte die Erkenntnis, dass die Personen, die am hartnäckigsten an den Wertvorstellungen ihrer Jugend festhielten, im Alter am ehesten einen psychischen Zusammenbruch erlitten. (vgl. Friedan, S. 154) Jungbleiben-Wollen führt zu Stagnation und hindert daran, sich auf die neue Lebensphase einzustellen und die eigentlichen Stärken des Alters zu erwerben. So scheint uns also nur der Weg des Wieder-jung-Werdens zu bleiben.

Wie können wir „den Zusammenhang mit der ursprünglichen Bedingung", wie Carl Gustav Jung es formulierte, wiederfinden? In einem aktuellen Song von Udo Lindenberg heißt es in Anlehnung an einen Ausspruch des Schriftstellers

Ödön von Horváth: „Eigentlich bin ich ganz anders – ich komm' nur viel zu selten dazu ..." Das, was ich bin, ist vom Leben mit seinen alltäglichen Mühen und Notwendigkeiten überdeckt worden und verlorengegangen. Jetzt, in dieser Lebensphase, soll und kann es wieder neu aufgefunden werden: Wieder jung werden ist die Neu-Entdeckung dessen, was ich eigentlich bin. Wieder jung werden ist das Aufgreifen des ursprünglichen Lebensimpulses, des roten Fadens. Otfried Preußlers „bösen Hexen" ist das, was sie eigentlich sind, gänzlich abhanden gekommen. So konnten sie nicht zu den wirklichen Stärken des Alters vordringen. Sie hätten wieder jung werden müssen.

Das Wieder-jung-Werden im Sinne einer Erneuerung ist eine Vorstellung, die die Menschheitsgeschichte von alters her im symbolischen Bild des „göttlichen Kindes" begleitet. Nach C. G. Jung hat dieses Symbol den Zweck, „den Zusammenhang mit der ursprünglichen Bedingung des Lebens" wiederherzustellen, bzw. nicht abreißen zu lassen. Es ist ein Symbol, das die verlorene Ganzheit des Lebens im Bewusstsein wiederherstellen will und wiederherstellen kann: Das göttliche Kind ist die Neu-Geburt aus dem wahren Selbst, aus dem „Eigentlichen".

Das göttliche Kind verkörpert Ganzheit und Weisheit. Es kündet von neuen, Lösungen, die bisher noch nicht gedacht werden konnten, von zukünftigen Wandlungen der Persönlichkeit. Es bringt ein ungeahntes Wissen um die Bedingungen des Lebens auf die Welt, ein Wissen darum, wie das Leben sich entfalten kann. Die Symbolgestalt des göttlichen Kindes trägt das Wissen um die Entwicklungs- und Wachstumsbedingungen und um alle zukünftigen Möglichkeiten in sich.

Dies führt uns zum zweiten Teil unseres Paradoxes, zum Weise-Bleiben: Die kleine Hexe will noch gut sein. Sie ist emotional lebendig, empathisch, mitfühlend, spielerisch, lebenslustig. Sie ist zutiefst menschlich. Ganz anders als die alten Hexen, die nur solche Hexen gelten und auf dem Blocksberg mittanzen lassen wollen, die „immer und allezeit Böses hexen".

Das Weisheitsthema führt uns also zu der uralten Frage nach Gut und Böse. Der Soziologe und Psychoanalytiker Erich Fromm hat eine biophile Ethik entworfen. In direkter Übersetzung bedeutet biophil: lebens-liebend. Darin definiert Fromm das Prinzip von Gut und Böse: „Gut ist alles, was dem Leben dient (...), die Ehrfurcht vor dem Leben, alles, was dem Leben, dem Wachstum, der Entfaltung förderlich ist. Böse ist alles, was das Leben erstickt, einengt und alles, was es zerstückelt." (1999, S. 331)

Diese ethische Aussage wird zur Überraschung vieler Naturwissenschaftler durch neue Forschungsergebnisse untermauert: Im Gegensatz zu den alten Hexen hext die kleine Hexe nur Gutes und setzt so das „Prinzip Menschlichkeit" um, das der durch neurobiologische Forschungen bekannt gewordene Mediziner Joachim Bauer in seinem neuen Buch verkündet. Er widerspricht damit dem darwinistischen Prinzip vom egoistischen Durchsetzungs- und Überlebensstreben der Natur und setzt aus neurobiologischer Sicht dagegen, dass Menschen auf soziale Resonanz und Kooperation angelegt seien: „Das Bild, das sich aus einer Reihe von neueren Beobachtungen ergibt, lässt den Menschen als ein in seinen zentralen Antrieben auf gelingende Beziehungen hin orientiertes Wesen erscheinen." (2007, S. 21f.) Deshalb hat Bauers Buch den Untertitel: „Warum wir von Natur aus kooperieren." Auch der Berner Neurowissenschaftler Norbert Herschkowitz bezeichnet Menschen als zutiefst soziale Wesen. Die Frontallappen des Gehirns, die für das Denken und auch für die Aufmerksamkeit zuständig sind, sind bei Säugetieren umso entwickelter, je stärker ihr soziales Leben ausgeprägt ist, besonders bei uns Menschen. Es finden sich immer mehr wissenschaftliche Belege dafür, dass die soziale Ausrichtung zutiefst zum Menschsein dazugehört. Die kleine Hexe handelt also noch ganz aus ihrer unverfäschten Motivation heraus und im Einklang mit der Weisheit ihrer inneren Natur.

Sie ist – es handelt sich ja um ein Kinderbuch – eine kindgerechte Verkörperung des göttlichen Kindes. Dass sie Zukünftiges schon in sich trägt, verrät uns auf spielerische Art auch ihr Alter: Ihre 127 Jahre künden von der alten, weisen Frau, die bereits, noch im Verborgenen, in ihr steckt.

Der oder die alte Weise – ein anderes Menschheitssymbol, das unserem Themenkreis angehört – und das göttliche Kind gehören zusammen wie die beiden Seiten einer Medaille. Jung hat darauf hingewiesen, dass das Kind gleichzeitig ein Anfangs- und ein Endwesen ist. „Das Anfangswesen war vor dem Menschen und das Endwesen ist nach dem Menschen". (Jung 1995, S. 192) Es verkörpert also auch das Woher-Wir-Kommen und das Wohin-Wir-Gehen: das umfassende Wesen seelischer Ganzheit. Im Woher-Wir-Kommen ist alles Wissen um unser Gewordensein enthalten und im Wohin-Wir-Gehen das Wissen um unsere zukünftigen Wachstumswege, die auch in unseren Ahnungen und Hoffnungen, in unseren Träumen und Visionen leben.

Die alte, weise Person steht für die rückwärtsgerichtete Weisheit, die aus vergangener Erfahrung erworben wurde, aus gelebtem, verarbeitetem und verstehend durchdrungenem Leben. Das göttliche Kind steht für die vorwärtsgerichtete Weisheit des Lebendigen, die ursprüngliche Wachstumskraft, die ihre zukünftigen Möglichkeiten immer schon in sich trägt. Beide zusammen bilden einen Kreis, der keinen Anfang und kein Ende hat: den immer wieder sich erneuernden Zyklus des Lebens – ein Kreis, der eigentlich eine Spirale ist, weil sie mit jedem neuen Kreisumfang neue Kräfte mit sich bringt, neues Potenzial verwirklicht, komplexere Form gefunden hat (vgl. Pfluger-Heist 2007, S. 171f.).

Während ältere Menschen im Laufe ihres Lebensweges Erfahrungswissen ansammeln konnten, trägt das Kind ein inneres Wachstumswissen in sich, das eine besondere Weisheit darstellt, nicht nur die Weisheit des Körpers, der von Anbeginn an weiß, wie Wachsen geht! Genauso wie auf körperlicher Ebene vom Moment der Befruchtung an ein geordnetes Wachstum über Schritte der Zellteilung und die sukzessive Bildung von Zellen, Organen, Knochen und Muskeln geschieht, steckt in jedem Kind von Anbeginn an auch das innere Wissen um das geordnete Wachstum seiner seelischen Zellen und Organe. Das Symbol des göttlichen Kindes will uns auch davon berichten, dass dieses Wissen im Inneren des Kindes lebt und nicht in es hineingestopft werden muss. „Maria Montessori (...) sagt mit Recht: ‚Das Kind bringt aktiv aus sich heraus den Menschen hervor und erfüllt diese Aufgabe mit Freude, wenn der ihm nahestehende Erwachsene es nicht daran hindert, indem er es mit den Schätzen seiner Weisheit überschüttet. Das Kind ist der Same des Menschen. So wie in der Eichel bereits die Eiche angelegt ist, so ist im Kind der Keim des erwachsenen Menschen.“ (Assagioli 2008, S. 99)

Weise-Bleiben ist also die Idee davon, dass es gelingen könnte, die Weisheit des eigenen Lebensimpulses, die jedes Lebewesen ins Dasein mitbringt, sein „Eigentliches“, zu bewahren, auch wenn das durch die äußere Lebens-Realität erschwert ist. Die Entwürfe des Erwachsenseins und die Bilder vom Älterwerden sind ja von früh an bereits vorhanden: Welche Bilder uns davon vorgelebt werden, ist von großer Bedeutung! Die kleine Hexe lässt sich allerdings nicht irritieren vom Bild des „Groß-Seins", das die alten Hexen ihr vorleben. Sie gibt uns so ein Beispiel früher Weisheitskraft, die im „wirklichen" Leben selten ist. Die prägende Kraft der Bilder, die uns vor Augen stehen durch die persönlichen Beziehungen zu älteren Menschen in unserer Familie und unserem Lebensumfeld, und auch durch das gesellschaftliche Bild des Älterwerdens, wie es kulturell gefasst ist, senkt sich bis tief in unser Unbewusstes ein. Für Kinder sind die alten Menschen, die sie erleben, ganz bestimmt ein Modell dafür, wohin das Leben reicht. Deshalb ist es ganz wichtig, uns selbst im Älterwerden zu fragen, welche Bilder wir an die Generationen, die nach uns kommen, weitergeben wollen.

Weise-Bleiben ist die Vision vom Lebendigbleiben der ursprünglichen Weisheitskraft der Seele. Die kleine Hexe passt sich nicht an die Entwicklungsziele an, die ihr vorgegeben werden. Das ist unabdingbar auf dem Weg der Weisheitsentwicklung. Ursula Staudinger sagt ja, dass den Weg der Weisheit nur gehen kann, wer gegen den Strom zu schwimmen vermag, eigenständig denkt und sich nicht mit Vorgegebenem zufriedengibt.

Die Professorin unterscheidet zwei positive Lebensverläufe: den Weg der Weisheit und den Weg des Wohlergehens. Die meisten Menschen entscheiden sich für den letzteren, von dem ich glaube, dass er sich schließlich als Falle erweisen kann, weil er nicht wirklich weiterträgt. Im Weg des Wohlergehens, das sich für mich im typischen Bild der „jungen Alten" verkörpert, liegt die Gefahr eines Zerrbildes vom Älterwerden sehr nahe, eines Zerrbildes, das eine Stagnation darstellt, die das Weitergehen des Lebens leugnet und das Weitertragen des Lebens verweigert. Die Gefahr eines Zerrbildes, das beinhaltet, so viel wie möglich für die eigene Lebensqualität herauszuholen und sich nicht darum zu kümmern, was „nach mir" kommt. So wie die alten Hexen auf dem Blocksberg.

Wie gesagt, findet die Neurobiologie mehr und mehr Ergebnisse, die sich so interpretieren lassen, dass das menschliche Gehirn nicht auf rivalisierendes Gegeneinander und selbstsüchtigen Überlebenskampf, auf Missgunst und Neid ausgerichtet ist. Die vielfältigen Studien, die zu diesem Thema durchgeführt wurden, zeigen, dass das Gehirn besonders wach, aktiv und belebt reagiert, sobald es um zwischenmenschliche Beziehungen geht. Deshalb spricht die Gehirnforschung heute vom „social brain", vom sozialen Gehirn. „Neurobiologische Studien zeigen: Nichts aktiviert die Motivationssysteme so sehr wie der Wunsch, von anderen gesehen zu werden, die Aussicht auf soziale Anerkennung, das Erleben positiver Zuwendung und – erst recht – die Erfahrung von Liebe." (Bauer, S. 35) Und zwar, wie Joachim Bauer betont, Liebe in jeder Form: zwischenmenschliche Resonanz und erlebte Gemeinschaft ebenso wie kindliche und elterliche Liebe, romantische Liebesbeziehungen und Sex.

Weise-Bleiben ist demnach eine höchst realistische Vision davon, dass es gelingen könnte, dass das „Prinzip Menschlichkeit" nicht erst verschüttet, vergraben oder gar ausgelöscht werden muss unter Schichten von Anpassungserfordernissen und lebensfeindlichen Abwehrstrategien. Es ist die Vision davon, dass unsere Sehnsucht nach dem Gelingen von persönlichen Beziehungen und von sozialer Gemeinschaft nicht verlorengehen muss, sondern im Gegenteil behütet, genährt und immer tiefer entflammt werden könnte. Die Vision davon, dass geweckt werden könnte, was bereits in der menschlichen Natur angelegt ist: Das Feuer der Liebe.

Viele Weisheitslehrer nehmen diese Haltung ein: Galilei sagte, man könne einen Menschen nichts lehren, sondern ihm nur helfen, es in sich selbst zu entdecken. Auch Sokrates war überzeugt, dass alles Wissen in jedem Menschen bereits als Potenzial vorhanden ist. Weisheitslehrer verstehen sich deshalb meistens als Führer oder Wegbegleiter auf einem Pfad, der zur Entdeckung und Entwicklung der eigenen Potenziale führt. Der Archetyp des alten Weisen und der weisen Frau verkörpert dieses Wissen um und Vertrauen in die größeren Wachstums- und Weisheitskräfte, die in der Seele angelegt sind. Auch der Rabe Abraxas hilft nur dabei, die schlummernden Kräfte zu finden, sie zu heben und zu schulen.

„Bis wohin reicht mein Leben?"

Das ist mein Fenster. Eben
bin ich so sanft erwacht.
Ich dachte, ich würde schweben.
Bis wohin reicht mein Leben,
und wo beginnt die Nacht?
Rainer Maria Rilke

Als ich die 50 noch nicht lange überschritten hatte, feierte ich zusammen mit meinen Kollegen ein 20-jähriges Berufsjubiläum. Solche „Jahresringe" des Lebens bringen einiges mit sich, nicht nur äußere Geschäftigkeit mit Vorbereitungen und Einladungen, mit Menüfolgen und Festprogramm, sondern auch innere Beschäftigung mit Rückblicken und Erinnerungsbildern, mit dem Einsammeln von Gewordenem und der Freude über Erfolge, mit emotionaler Aufarbeitung von Misslungenem und Bedauern von Unterlassungen, mit Abschiednehmen und mit Zuendebringen.

Danach kam ein unerwartetes Bedürfnis in mir auf: Ich wollte genauso weit nach vorne schauen. Wie, so fragte ich mich, möchte ich die nächsten 20 Jahre meines Lebens gestalten? Denn in der Rückschau hatte ich etwas erkannt, was ich bisher noch nie so gesehen hatte. Ich hatte die Zeit, die ich in der intensiven Auseinandersetzung mit den vergangenen 20 Jahren überblickt hatte, zum ersten Mal als einen wirklichen Raum gesehen, wie eine Landschaft, die in der materiellen Welt vorhanden ist und die in ihren Abmessungen und in ihrer Beschaffenheit erfasst werden kann. Ich konnte den zurückgelegten Weg und alles, was daraus geworden war, wie real mit dem inneren Auge vor mir sehen. Ich hatte verstanden, wohin mein Gang durch die Landschaft meines Lebens mich bis dahin gebracht hatte.

Und dann öffnete sich ein neues Fenster. Ganz sachte, unmerklich zuerst und nur allmählich in mein Bewusstsein eindringend, entstand ein anderer Blick in die Zukunft und ich konnte die Zeit „nach vorne“ vor mir sehen, als Wachstumsraum, der mir zur Verfügung steht; ein Wachstumsraum, den ich füllen kann – und füllen muss. Meine zukünftige Lebenslandschaft lag als Möglichkeitsraum vor mir ausgebreitet: In 20 Jahren würde ich 70 Jahre alt sein. Wie, so kam die Frage in mir auf, will ich dann leben? Wo will ich dann angekommen sein? Welche Wege will ich begangen haben? Welche neuen Landschaften erobert? Welche Entwicklungsmöglichkeiten will ich ergreifen, so dass sie bis dahin Wirklichkeit geworden sind? Was will ich aus diesem Lebensabschnitt machen? Und was will mein Leben von mir? Was will von mir in die Welt gebracht werden, das ich in 20 Jahren verpasst haben würde, wenn ich es bis dahin nicht mit meinem Willen, mit meinem Herzen und mit meinen Händen ergreife und verwirkliche?

Mit 50 fühlt man sich ja noch nicht wirklich alt. Und doch steht man an einer Schwelle. Man ist in einem Schwebezustand zwischen nicht mehr jung und noch nicht alt. Man sieht in den Spiegel und zweifelt an der Person, die einem von dort entgegenblickt: Das bin ich? Ich habe mich doch ganz anders in Erinnerung!

Älterwerden löst Ängste aus. Jungleiben scheint sehr erstrebenswert zu sein. Für meine Generation gilt das vielleicht ganz besonders. Ich gehöre zu denen, deren Credo in jungen Jahren hieß: Trau’ keinem über 30! Älterwerden war eine Vorstellung, mit der wir uns nicht befassen wollten, denn Älterwerden verkörperte all das, was wir ablehnten: geistige Enge, Spießertum und Festgefahrensein. Als ich jung war, reichte mein Leben also nur bis zum Alter von 30 Jahren. Darüber hinaus hatte ich keine lebbare Vorstellung. Dort war das Leben zu Ende.

Dies war nicht nur meine persönliche Sicht der Dinge. Genau diese meine Generation schlägt sich nun mit einem Jugendwahn herum, den es so nie zuvor in der Geschichte gab. Als wäre das Jungbleiben als solches ein erstrebenswertes Ziel! Das menschliche Leben ist ja doch auf etwas ausgerichtet. Das Leben arbeitet auf etwas hin, es hat etwas vor. Es ist nicht nur ein längeres oder kürzeres Maß an Kalenderjahren, das – möglichst fit und faltenfrei – zu durchleben ist. Als Menschen haben wir gewöhnlich eine Ganzheitsvorstellung; wir haben eine Art Selbst-Vollendung im Sinn. Wir sprechen von gelingendem – oder verpfuschtem – Leben. In Grabreden wird Rückschau gehalten auf ein Leben in seiner gewordenen Gestalt.

Dass Leben wachsen will, ist uns vielleicht nicht immer wirklich bewusst. Denn wir stellen uns die Zeit meist als abstrakte Größe vor, als etwas, das für sich existiert. Zeit ist aber nichts vom Leben Abgetrenntes, das vor sich hintickt wie eine Uhr, Minute für Minute, Tag für Tag und Jahr für Jahr. Zeit ist gefüllt mit Leben! Das gleichförmige Maß der Uhrenzeit deckt sich nicht mit der erlebten und gefühlten Zeit unserer Erfahrungswelt, in der die Zeiträume sich höchst eigenwillig gebärden und sich durchaus nicht nach der Uhr richten wollen. Die Minuten beim Zahnarzt empfinde ich meist als unendlich lang, sie wollen nicht vergehen, während die kostbaren Stunden der intensiven Begegnung mit einem geliebten Menschen dahineilen wie der Wind! Oder denken Sie einmal an Erfahrungen von Versenkung und Selbstvergessenheit. Da scheint die Zeit sogar stehen zu bleiben. „Was macht die Zeit, wenn sie vergeht"?, soll Albert Einstein einmal gefragt haben, um uns dazu anzuregen, über unsere naive Alltagssicht nachzudenken.

Zeit ist gefüllt mit Leben. Dass sie vergeht, erkennen wir an dem, was sich verändert: Zeit ist sozusagen die Farbe des sich bewegenden Lebens, der Duft des Kommens und Gehens von Erfahrung, der Klang unseres Bewusstseinsstromes, wie er stetig, unaufhaltsam auf- und abschwellend dahinfließt. In der Zeit geschieht etwas, entsteht etwas, wächst etwas, gestaltet sich etwas: Zeit ist Wachstumsraum. Wachstum, Entwicklung gibt es nur in der Zeit; sie braucht Zeit. Das macht die Zeit zu etwas Kostbarem. Würde sie „nicht vergehen", bliebe alles „beim Alten". Würden wir das wirklich wollen? Altwerden ist gelebte Zeit, gefüllte Zeit – dann, wenn sie genutzt wurde. Wenn die Frage gestellt und der Antwort entgegen gelebt wurde: *Bis wohin reicht mein Leben?*

Paul Baltes, der inzwischen verstorbene Direktor des Berliner Max-Planck-Instituts für Bildungsforschung, wollte die Alternsforschung zu einem Eckpfeiler der Wissenschaft im 21. Jahrhundert machen. Auf ihn geht der Satz zurück, dass das Bemühen, dem Leben mehr an Jahren hinzuzufügen, dahingehend gewandelt werden sollte, den Jahren mehr an Leben zu geben. Rilkes Frage: *Bis wohin reicht mein Leben?* fragt ja nicht nach der Lebensdauer. Sie fragt nach der Reichweite des Lebenshorizontes, danach, was den Jahren an Lebensintensität hinzugefügt werden kann. Was ist dieses „Mehr"? Gibt es ein solches „Mehr"? Das Älterwerden wird ja doch gemeinhin mit Abschied, Abstieg und Abbau assoziiert – und die „jungen Alten" arbeiten mit viel Aufwand dagegen an.

Es gibt da den geflügelten Satz: Alle wollen alt werden, aber keiner will es sein. Das ist nicht nur die persönliche

Sicht vieler Menschen. Einen Wert des Altseins kann auch der evolutionsbiologische Blickwinkel der Naturwissenschaften nicht so recht erkennen: Auch davon wurde und wird der Jugendwahn unserer Zeit genährt. Solange die biologische Fortpflanzung als eigentliches Ziel des Lebensprozesses gesehen wird, ist Älterwerden eine höchst fragwürdige Angelegenheit. Auch Professor Baltes äußerte in einem Interview, Altwerden sei beim Menschen nicht vorgesehen. Die Evolution sei auf Fortpflanzung ausgerichtet, nicht aufs Altwerden. Warum werden dann Menschen überhaupt so alt? Warum werden vor allem Frauen viel älter, als ihre Zeit der Reproduktionsfähigkeit dauert?

Diese Frage finden Sie vielleicht eigenartig, ich jedenfalls tue das. Und doch wird sie in den Naturwissenschaften genau so gestellt. Bei dem bekannten Gehirnforscher Manfred Spitzer können Sie nachlesen, wie dieser Frage nachgegangen und „naturwissenschaftlich gültig" für Elefantengruppen in Kenia nachgewiesen wird, dass die Herden mit den ältesten Leitkühen von deren Erfahrungswissen profitieren und sich besser schützen und auch besser fortpflanzen können als andere. Die Forscher kamen also zu dem Schluss, dass das Alter einen evolutionär bedeutsamen Wert hat. „Es ist die über ein langes Leben gespeicherte soziale Erfahrung, die ein Individuum für die Gruppe so wertvoll macht." (Spitzer, S. 84)

Haben Sie den Film „Unsere Erde" gesehen? Die eindrucksvollen Bilder der Elefantenherde, die auf der Suche nach Wasser durch die afrikanische Kalahari-Wüste zieht? Eine lange Karawane von Elefanten, die mit ihren Jungen durch die staubige Landschaft trottet, geführt von der Leitkuh, die die Herde zum weit entfernt liegenden Okawango-Delta bringt. Sie sind müde und durstig. Ein Elefantenkälbchen legt sich nieder, es kann nicht mehr weiter und rappelt sich dann doch, angeschubst von seiner Mutter, noch einmal auf. Da gibt es keine Frage, dass es auf das Wissen der alten Leitkuh ankommt, der die Herde folgt – zum Wasser oder ins Verdursten. Es ist die alte Elefantendame, die den Weg aus vielen Jahrzehnten Erfahrung kennt. Sie stapft voraus, unermüdlich. Sie weiß, wohin. Die lange Reise durch die Wüste hat die Tiere inzwischen so erschöpft, dass sie wie blind hintereinander hergehen und aufeinander auflaufen, wenn der Vorgänger stehen bleibt. Ein Elefant läuft sogar gegen einen Baum! Und dann kommen sie schließlich am Okawango-Delta an, sie werden sichtlich lebendiger und laufen ins Wasser hinein. Die ganze Anspannung, die ich im Zuschauen aufgebaut hatte, löste sich im Betrachten der ekstatischen Bilder der schwimmenden und tauchenden kleinen Elefäntchen und jene der erstaunlich schwebeleichten Elefantenkolosse, die in purer Lebenslust das Wasser durchpflügten. Durch den vollbesetzten Kinosaal lief eine Welle des Aufatmens, der Freude und des Lachens. Das Erfahrungswissen der Leitkuh, ihre angesammelte Lebensweisheit hatte die Herde zum rettenden Wasser gebracht. *Bis wohin reicht ein Elefantenleben?*

Anders als bei den Elefanten ist in unserer Menschengemeinschaft das Altsein nicht mehr wertgeschätzt. Zum Erstaunen der Gerontologen hat sich das Bild vom Alter aber durch die Forschungen der letzten Jahrzehnte beträchtlich verändert und die Naturwissenschaft hat angefangen zu verstehen, dass das Älterwerden nicht nur biologisch, sondern auch psychologisch, soziologisch und kulturwissenschaftlich gesehen werden muss – und das in ganz anderem Maße als bei den Elefanten, die auch schon auf Erfahrungswissen angewiesen sind, nicht nur auf ihren Instinkt. Das Elefantenwissen bewegt sich natürlich auf anderen Ebenen als das Wissen, das wir im komplexen Leben unserer gesellschaftlichen Lebenswelt benötigen. Der Lebenshorizont der Elefanten umgrenzt – soweit wir wissen – Nahrung und Wasser, Sicherheit und Fortpflanzung. Die Fenster, die sich im Elefantenleben öffnen, blicken auf existentielle Bedürfnisse und erfordern die entsprechende Elefantenweisheit: elefantengemäße Erkenntnisfähigkeit.

Menschliche Weisheit, die von den Berliner Weisheitsforschern als Gipfel menschlicher Erkenntnisfähigkeit definiert wird, geht über das Wissen um die Befriedigung der Grundbedürfnisse des Lebens weit hinaus und zeigt sich in höchstem Wissen und höchster Urteilsfähigkeit im Umgang mit schwierigen Problemen der Lebensplanung, der Lebensgestaltung und der Lebensdeutung. Weisheit umfasst so komplexe Themen wie das Wachstum der Persönlichkeit, das Verständnis des Individuums und seiner Rolle in der Welt. Dazu gehört auch das Wissen um die Ungewissheiten des Lebens und die heitere und aktive Annahme dessen, was das Leben bringt.

Nur biologisch gesehen ist das Älterwerden ein Abbauprozess, der zwar später einsetzt und langsamer verläuft als das bei früheren Generationen der Fall war, aber letztlich doch nicht aufzuhalten ist. Wenn wir aber aus der Perspektive der Lebenserfahrung schauen, aus jener der Reifung der Persönlichkeit, aus der Sicht der beruflichen, der sozialen und der menschlichen Kompetenz, dann können diese im Alter immer noch weiter ausgebaut werden – ganz genauso wie die Elefanten ihr Elefantenwissen im Älterwerden vertiefen. Im volkstümlichen Wissen, in Märchen und Mythen, in den Hochreligionen und spirituellen Traditionen ist das „Weisheitswissen“ als Stärke des Alters längst bekannt; jetzt ist es bis in die Wissenschaften vorgedrungen.

Die Prozesse emotionalen und geistigen Wachstums geschehen allerdings nicht zwangsläufig – so wie die biologischen Prozesse dies tun. Weise wird man nicht von alleine. „Alter als solches bringt nicht unbedingt Weisheit mit sich. Aber man muss lange leben und in einer bestimmten Weise leben, um zu diesem Zustand zu gelangen, den wir als weise bezeichnen", sagte Paul Baltes in einem Interview (NZZ am Sonntag, 26.11.2006). Denn „nur dann, wenn sich Lebenserfahrung mit bestimmten Persönlichkeitseigenschaften und Denkstilen verbindet, erzielen ältere Menschen überdurchschnittlich häufig Spitzenleistungen in Weisheits-Aufgaben. (...) So zählen ältere Komponisten und Dirigenten oft zu den besten, und auch Fachwissen kann ‚alternsfreundlich' wirken, solange der ältere Mensch beruflich aktiv bleibt." (Max Planck Forschung 2/2003; www.mpg.de) Um weise zu werden braucht es eigene Aktivität. Auch im psychologischen Bereich gibt es ein Gesetz der Schwerkraft. Ohne eigenes, aktives Zutun haben auch psychologische Prozesse die Neigung, in einer Abwärtsbewegung zu verlaufen, wie Wasser, das in Rinnen und Einschnitten seinen Weg bergab nimmt, wie „ein Stein im Geröll".

Oder, um ein anderes Bild dafür zu verwenden, wie ein Zug, der den ausgebauten Schienen folgt. Das ist ein Bild, das sich gut eignet, um sich die Prozesse im Gehirn zu verdeutlichen: Obwohl solche Bilder natürlich immer vereinfachend sind, kann man sich das Gehirn wie ein Schienennetz vorstellen, das die immer gleichen Wege vorgibt, die zunehmend tiefer ausgefahren werden. Das ist an sich nicht schlecht, im Gegenteil: Hirnstrukturen können wachsen; die Bereiche des Gehirns, die viel und regelmäßig genutzt werden, gewinnen dadurch an Größe und Kompetenz. Die Gehirnstrukturen können aber auch an Reichweite und Differenzierung zunehmen, und dazu braucht es das Gehen immer wieder neuer Wege, den Ausbau eines neuen, verästelteren und in bisher unbebaute Regionen hinein sich ausweitenden Schienennetzes und auch die kreative, neue Verknüpfung bereits bestehender Strukturen zu neuen, ungeahnten Verbindungsmöglichkeiten. Mit anderen Worten: Es braucht die Offenheit, Flexibilität und den Lerneifer, den Kinder noch ganz natürlich haben.

Solch weiterer Ausbau muss allerdings rechtzeitig vorgenommen werden, bevor die Strukturen sich zu sehr verfestigt haben. Fenster für Fenster gilt es zu öffnen, damit neue Sichtweisen, vertiefte Blickwinkel, ein neues Bewusstseinspotential sich in immer neuem, sanftem oder auch plötzlichem Erwachen auftun können. Fenster für Fenster kann der Lebensausblick vergrößert, erweitert, gewandelt werden: *Bis wohin reicht mein Leben?* Welche neuen Fenster werden sich auftun? Zu welchen Ausblicken kann ich erwachen? Welches mehr an Leben kann ich meinen Jahren hinzufügen? Bis wohin reicht mein persönlicher Lebenshorizont?

Wie ein Baum

„Scheint es nicht, dass er alt,
sehr alt werden musste,
um ganz er selbst zu werden?"
Thomas Mann

Alles Lebendige entwickelt sich als wachsende Ganzheit. Darin besteht das Mysterium des Wachstums. Die Eichel, die Raupe und auch die befruchtete menschliche Eizelle wachsen von Anfang an als Ganzes auf ein ihnen innewohnendes Ziel zu. Woher weiß die Eichel, dass sie zur Eiche werden soll? Während sie vom Baum fällt und im Waldboden vermodert, denkt sie da an Tod und Verwesung oder an ein kommendes Keimstadium und an eine Auferstehung als Baum?

Der Baum wird gern als Metapher für das menschliche Leben gebraucht. Unter den Pflanzen gehört er zu den Langlebigen; aufrecht stehend, in der Erde verwurzelt und zum Himmel wachsend verbindet er die drei Welten: die unterirdische, die irdische und die überirdische. Aus dem unsichtbaren Reich unterirdischen Lebens wächst er empor, baut seine Jahresringe auf, entwickelt so seine Baum-Persönlichkeit und bildet die Kraft aus, seine Krone in den Himmel hinein zu formen. Besonders Laubbäume versinnbildlichen die Kraft der Erneuerung und Regeneration, die stirbt, um zu leben. Mit ihrer Jahr für Jahr wiederkehrenden Lebenskraft verkörpern sie die Zyklen menschlichen Lebens, den durch Höhen und Tiefen verlaufenden Lebensweg und das Wachstum der Persönlichkeit, die sich durch die Lebensphasen hindurch in wiederkehrenden Krisen bewähren und so ihre Kraft vergrößern und erweitern muss.

Das Baum-Symbol will uns etwas darüber erzählen, wie das Leben beschaffen ist und wie wir es verstehen und bestehen können. Der Baum berichtet vom Lebenswissen. Lebenswissen benötigen wir in unserer komplexen Welt schnellen kulturellen und sozialen Wandels dringender denn je. Die traditionell verankerten Strukturen, die Richtung und Sicherheit in der Gestaltung des Lebens gegeben haben, lösen sich auf, die Rollenmodelle sozialen Lebens in Familie, Beruf und Gemeindeleben, die früheren Generationen noch durch ein ganzes Leben hindurch Halt geben konnten, verschwinden. Stattdessen ist heute ein individueller und flexibel sich wandelnder Lebensentwurf von uns gefragt, der uns große persönliche Gestaltungskraft abverlangt.

Solche Gestaltungskraft erfordert nicht nur Wissen, Kenntnisse und Fähigkeiten, sondern auch ein inneres Steuerungssystem: Ein persönliches, tragfähiges und zukunftsfähiges Navigationssystem, das den Umgang mit den Herausforderungen des Lebensalltags ermöglicht, Richtung in moralischen und ethischen Fragen der eigenen Lebensführung gibt, aber auch darüber hinausweisende Orientierung in sozialen, gesellschaftlichen und globalen Themen und Konflikten. Ein Navigationssystem, das gerade in Zeiten des Umbruchs, in Krisen und Lebensstürmen den Weg weist und Handlungsfähigkeit ermöglicht. Die wachsende Unsicherheit unserer gesellschaftlichen Lebenswelt mit ihrer zunehmenden wirtschaftlichen und politischen Unsicherheit in Zeiten der Globalisierung braucht eine feste Verwurzelung im Lebensboden persönlicher Identität und ethischer Ausrichtung: Wie ein Baum! Je tiefer seine Wurzeln reichen, desto besser kann er den Lebensstürmen standhalten, und doch seine Krone hoch hinauf schicken.

Ein solches Navigationssystem benötigt die Auseinandersetzung mit den eigenen Intentionen, Motiven und Werten: In welchen Sicherheiten bin ich gegründet? Weiß ich ausreichend, wer ich bin, habe ich herausgefunden, wie ich leben will? Welche persönlichen Ziele strebe ich an? Nach welchen Prinzipien will ich mein Leben ausrichten? Was sehe ich als Sinn meines Lebens?

Die Auseinandersetzung mit Sinn und Ziel des eigenen Lebens bildet das persönliche Navigationssystem aus. Weisheit könnte man als die höchstentwickelte Form eines solchen Navigationssystems beschreiben. Die Berliner Forscher definieren Weisheit als „Wissen um die conditio humana" und sprechen von „Weisheit in Aktion", um darauf hinzuweisen, dass Weisheit nicht im Erkennen verharren darf, dass es nicht nur um höchste Erkenntnis geht; sondern auch um das aus ihr erwachsende Handeln.

Die fünf Säulen der Weisheit

In einem besteht die Weisheit,
das erkennbare Vernunftprinzip zu
erfassen, das Alles mit Allem durchwaltet.
Heraklit

Das Berliner Modell spricht von fünf Säulen, aus denen Weisheit erwächst.

Die erste Säule wird aus umfangreichem Faktenwissen zu den grundlegenden und wesentlichen Themen und Fragen des Lebens gebildet: Wissen über die äußere und die innere Welt, über Weltraum und „Weltinnenraum" (Rilke). Gefragt ist vor allem sogenanntes Selbstwissen, also Wissen, das den Fachbereichen der Psychologie, der Soziologie und der Kulturwissenschaften zugerechnet werden kann: Wissen um die „fundamentale Pragmatik des Lebens". Die erste Säule wächst heran, indem man Wissen in den grundlegenden Fragen, Belangen und Zusammenhängen des Lebens gewinnt, so dass stimmige Einschätzungen und angemessene Entscheidungen ermöglicht werden.

Die zweite Säule der Weisheit besteht aus Wachstums- und Bewältigungswissen: Wie kann das Wissen leben lernen? Die Fähigkeit, eigene Probleme zu bewältigen, das Leben zu gestalten, Ziele zu erreichen, seine Lebensaufgabe zu finden und seine Persönlichkeit weiter zu entwickeln, wird dafür ebenso benötigt wie auch jene, positive Beziehungen zu pflegen, soziale Kompetenzen zu entfalten und seine Emotionen zu regulieren. Wer diese Säule gut aufbauen will, sollte sich Mentoren suchen. Die Berliner Weisheitsstudie hat ergeben, dass dies einer der wichtigsten Faktoren auf dem Weg zur

Weisheit ist. Wer sich mit lebenserfahrenen Menschen berät, und auch erleben kann, wie sie mit schwierigen Lebensproblemen umgehen, kann seine emotionale Intelligenz und seine Urteilsfähigkeit in menschlichen Lebensthemen verbessern.

Die dritte Säule der Weisheit ist die Fähigkeit, die Situation eines Menschen, ein Thema oder eine Frage in ihrer Komplexität zu erfassen, nicht nur die Oberfläche zu sehen, sondern auch die Tiefe, sowie alle Aspekte und Ebenen, die dazu gehören. Solches Zusammenhangswissen kann beim Betrachten eines Problems vieles mit einbeziehen, beispielsweise die Biografie der Person und die Lebensphase, in der sie sich aktuell befindet, das konkrete Lebensumfeld, in dem sie lebt, wie auch den größeren kulturellen Kontext. Zur Weisheit gehört also auch die Fähigkeit, verschiedene Blickwinkel, unterschiedliche Perspektiven gleichzeitig einzunehmen und in ein Bild zu fügen: Wer sein inneres Zentrum gefunden hat, kann erkennen, wie alles sich zum Ganzen webt.

Die vierte Säule der Weisheit erwächst aus der Fähigkeit, durch die Ausrichtung auf Werte universeller Natur einen übergeordneten Standpunkt zu finden und Distanz zu sich selbst einzunehmen. Dies erschafft die Weite eines Blickwinkels, der verschiedene Lebensziele, Werthaltungen, Motive, Lebensstile und kulturelle Einstellungen akzeptieren, wertschätzen und unterstützen kann, ohne dabei in eine Laisser-faire-Haltung zu verfallen. So kann die persönliche Sichtweise mit der anderer Menschen integriert werden, ohne dass sie in Widerspruch zueinander kommen müssen. Ein Wert von universalem Charakter ist beispielsweise der kantische Imperativ: Handle stets so, dass die Maxime deines Willens jederzeit zugleich als Prinzip einer allgemeinen Gesetzgebung gelten könnte. Ein solcher Meta-Standpunkt ist nicht nur eine Leistung persönlichen Wachstums, sondern wird auch in unserer heutigen Lebenswelt ganz dringlich gebraucht. Diese Säule wird unter dem Titel: „Ich glaube, wir sind jetzt klein genug“, beschrieben.

Die fünfte Säule der Weisheit erwächst aus dem Wissen um die Ungewissheit des Lebens. Wir können weder die Vergangenheit in allen ihren Aspekten überschauen und deuten, noch die Zukunft vorhersehen. Wir wissen niemals, was die „richtige“ Entscheidung ist. Und doch müssen wir aus der Vergangenheit lernen, Pläne machen und Entscheidungen treffen. Weise ist deshalb die sokratische Haltung: Ich weiß, dass ich nichts weiß. Diese Haltung erfordert besondere psychische Kraft, die das Wissen um Unvermeidliches, um die existentiellen Themen des Menschseins wie Krankheit, Alter und Tod umfasst und die Fähigkeit zur Synthese zwischen den großen Paradoxien menschlichen Seins entwickeln konnte: Zwischen persönlichem und gemeinschaftlichem Wohlergehen, zwischen der Unwissbarkeit der Zukunft und dem Aufrechthalten von Zielen und Lebensvisionen, zwischen offener Flexibilität und ausdauernder Zielgerichtetheit, sowie zwischen Positivem und Negativem. Weisheit zeigt sich deshalb auch in der Kunst der Gelassenheit angesichts des Lebens in allen seinen Erscheinungsformen, vom Erfreulichen bis hin zum Unvermeidlichen, einer Gelassenheit, die das Unbekannte willkommen heißen kann.

Im Bild der Säulen, wie es das „Berliner Weisheitsparadigma“ zeichnet, erscheinen diese fünf Weisheitsdimensionen getrennt und verschieden voneinander. Sie gehören aber innigst zusammen. Die fünf Säulen stehen nicht nebeneinander, sondern bauen aufeinander auf und stehen ineinander, wie die Jahresringe eines Baumes. Deshalb braucht Weisheitsentwicklung Zeit: Lebenszeit, die genutzt wurde, um einen Ring nach dem anderen auszuformen. Weisheit ist das Ergebnis eines langen Lebensprojektes; des Lebensprojektes persönlicher Entwicklung und persönlichen Wachstums. Ziel dieses Projektes ist das Erlangen von Lebenskunst.

Lebenskunst ist keine ideengeschichtliche Neuheit, die Weisheitswissenschaftler haben sie aber neu aufgegriffen. Die Philosophie hat sich immer schon mit der Kunst des Lebens befasst und sich gefragt, wie das Leben angegangen werden sollte, damit ein gutes, erfülltes Leben daraus erwachsen kann. Roberto Assagioli, der Begründer der Psychosynthese – der psychologisch-psychotherapeutischen Schule, mit der ich arbeite – beantwortet diese Frage so: „Die meisten Menschen ‚lassen sich leben', während in Wirklichkeit das Leben eine Kunst ist. Sie sollte die größte unter den schönen Künsten sein." (zit. n. Giovetti, S. 160) Das Leben als eine Kunst anzugehen und Meister des eigenen Lebens zu werden, das ist auch für Ursula Staudinger die Belohnung auf dem Weg der Weisheit.

Lebenskunst! Wie wäre es, unser Leben einmal unter diesem Blickwinkel anzuschauen und als etwas zu betrachten, das es nicht nur zu bewältigen oder zu bestehen, sondern das es zu gestalten gilt? Mein Leben – ein Kunstwerk: Wie wäre es, unser Leben als eine schöpferische Aufgabe zu erkennen, die uns anvertraut ist?

Lebenslanges Lernen

Kreativ sein heißt, den gesamten Lebensprozess als einen Geburtsprozess anzusehen und keine Stufe des Lebens als eine endgültige zu betrachten.
Erich Fromm

Wenn wir aus dem Blickwinkel unserer alltäglichen Mühen, Verpflichtungen und Sorgen schauen, fragen wir vielleicht: Warum in aller Welt sollte mein Leben ein Kunstwerk sein? Denn im Allgemeinen erleben wir unseren Alltag nicht aus einem schöpferischen Blickwinkel. Wir sind uns nicht immer bewusst, dass wir Gestaltungsfreiraum und Gestaltungskraft besitzen. Die meisten Menschen lassen sich leben, behauptet Roberto Assagioli sogar. Lebenskunst aber hieße, das eigene Leben in die Hand zu nehmen. Lebenskunst setzt eine aktive Gestaltung der eigenen Persönlichkeit und der eigenen Biografie voraus – und geht noch darüber hinaus. Ein Kunstwerk ist mehr als ein handwerkliches Produkt und auch mehr als das Ergebnis einer Anhäufung von Wissen.

Im Bericht der internationalen Unesco-Kommission von 1996 wurde die Lernfähigkeit als der „verborgene Reichtum" des 21. Jahrhunderts benannt. Auch für Ursula Staudinger ist lebenslanges Lernen die Schlüsselqualifikation unserer Zeit: Wir müssen lernen, so sagt sie, die eigenen Fähigkeiten zu managen. Aber ganz grundlegend, möchte ich hinzufügen, geht es doch darum, die eigenen Möglichkeiten überhaupt erst zu erkennen und zu heben, die Möglichkeiten, die in allen Menschen angelegt sind, und die wir nach heutigem Wissensstand nur zu einem ganz geringen Prozentsatz nutzen.

Erich Fromm schlug vor, *„den gesamten Lebensprozess als einen Geburtsprozess anzusehen und keine Stufe des Lebens als eine endgültige zu betrachten.* Die meisten Menschen sterben, bevor sie ganz geboren sind. Kreativität bedeutet, geboren zu werden, bevor man stirbt." (Gesamtausgabe IX, S. 406)

Seit kurzem erst haben neurobiologische Forschungen den alten Merksatz „Was Hänschen nicht lernt ..." relativiert und den Nachweis erbracht, dass sich die Entwicklungsfenster durchaus nicht schließen. Wenn wir lernen, verändert sich auch unser Gehirn; wenn wir uns verändern, verändert sich unser Gehirn. Dass die Plastizität, die Formbarkeit des Gehirns über die ganze Lebensspanne erhalten bleibt, war eine der ganz großen Überraschungen in den Neurowissenschaften und bislang vielleicht ihre revolutionärste Erkenntnis. Das Gehirn ist sogar mit Abstand das veränderlichste Organ, das wir Menschen besitzen: Wir sind zum lebenslangen Lernen geradezu geschaffen! Die Natur hat uns eben dazu bestens ausgerüstet.

Doch bleibt nur ein aktives Gehirn veränderbar und passt sich weiterhin an. Inaktivität, Abkapselung und Isolation – also das Fehlen von Stimulation durch Lernprozesse im Gehirn führen dagegen zum Verharren, zu Stagnation und damit zu Rückbildung und, über einen Rückkopplungs-Prozess, sogar zu einem Mangel an Freude!

Mein Leben – ein Kunstwerk

Aber die Ursache liegt in der Zukunft.
Joseph Beuys

Die Entwicklungsfenster bleiben offen, solange wir leben: Immer wieder kann ein neues Fenster entdeckt und geöffnet, kann ein weiterer Lebensausblick gewonnen werden: *Das ist mein Fenster. Eben bin ich so sanft erwacht. Ich dachte, ich würde schweben. Bis wohin reicht mein Leben, und wo beginnt die Nacht?*

Lassen Sie uns also einmal vorstellen, dass das menschliche Leben ein Kunstwerk ist, inspiriert von einer höheren Eingebung und beseelt wie ein gutes Gedicht. Unser Leben hat ja nicht nur Anfang und Ende, sondern auch einen sinnvollen Aufbau, eine kunstvolle Ordnung, die auf etwas hinstrebt, einen Rhythmus, der ihm eigen ist, und den roten Faden seines individuellen Themas, der fort und fort gesponnen wird und sich dabei immer mehr verdichten will.

Psychologische Forschungen haben die kunstvolle Ordnung der menschlichen Biografie untersucht und beschrieben, dass mit den Themen, die die verschiedenen Lebensalter vorgeben, auch innere Entwicklungsaufgaben verknüpft sind, die wir alle zu bewältigen haben, denn unser Grundbauplan ist der gleiche. Durch diesen Grundbauplan hindurch aber zieht sich der rote Faden unseres ganz eigenen Lebensthemas, unseres persönlichen Grundmotivs, unserer individuellen Lebensmelodie: mein Leben – ein Kunstwerk.

Wenn die Themen des jeweiligen Lebensalters und die damit verbundenen Lebenskrisen und Entwicklungsaufgaben bewältigt werden, kann die Persönlichkeit reifen. Erik Erikson, Psychoanalytiker und einer der Pioniere auf dem Gebiet der Entwicklungspsychologie des Erwachsenenalters, beschreibt den menschlichen Lebenszyklus als eine Stufenfolge von acht Lebensphasen, in denen es je eine grundlegende Fähigkeit zu entwickeln gilt; die letzte, höchstentwickelte von ihnen ist Weisheit. Eriksons Weiser hat die Lebensaufgaben so weit gelöst, dass daraus immer größere schöpferische Kraft zum Umgang mit dem Kunstwerk Leben erworben wurde. Jedes dabei neu erworbene Handwerkszeug ist Voraussetzung, um die folgende Lebensphase zu gestalten und deren nächste Herausforderung zu lösen. Wenn alle Lebenskrisen gelöst und Weisheit erlangt werden konnte, spricht Erikson vom vollständigen Lebenszyklus, um auszudrücken, dass die menschliche Biografie von allem Anfang an darauf ausgerichtet war und dieses Ziel angestrebt hat. Weisheit ruht in seinem Entwicklungsmodell auf den sieben zuvor errungenen menschlichen Qualitäten; in den Lebensphasen der Kindheit sind das nacheinander: Hoffnung, Wille, Entschlusskraft und Kompetenz.

Es ist leicht nachvollziehbar, dass sich eine Person, die diese grundlegenden menschlichen Fähigkeiten nicht ausreichend zur Verfügung hat, recht mühsam durchs Leben schlagen muss. Auf solch schwachem Fundament kann sich Lebenskunst bestimmt nicht reich entfalten. Sind aber Hoffnung, Wille, Entschlusskraft und Kompetenz entwickelt worden, dann ist das Fundament gelegt, das die weiteren Stockwerke tragen kann: Treue, Liebe, Fürsorge und als Krönung schließlich Weisheit. Der Weg der Weisheit kann – das wird daraus ersichtlich – also nicht erst im Alter beschritten werden, er beginnt schon früh.

Für Ursula Staudinger wird der Grundstein für Weisheit im Alter von 14 bis 23 Jahren gelegt. In dieser Lebensphase müssen die jungen Menschen auf so viele Herausforderungen reagieren wie sonst kaum mehr im Leben: die Sexualität erwacht, die berufliche Orientierung wird gefordert, die Abnabelung von den Eltern steht an. Später, sagt Ursula Staudinger, bewege sich nur noch bei sehr offenen, kreativen Menschen viel in Richtung Weisheit. Das fordert auf, rechtzeitig Sorge dafür zu tragen, dass Offenheit und Kreativität erhalten, gestärkt und entwickelt werden.

Die Lebensphasen können als Plateaus vorgestellt werden. Für dieses Thema folge ich Ursula Staudinger und betrachte den Lebenslauf beginnend mit dem Jugendalter. Als weitere, jeweils höher liegende Plateaus folgen das frühe, das mittlere und das reife Erwachsenenalter. In Sicht unserer heutigen Kultur verläuft die Kurve anders: Sie verläuft im Aufstieg von der Kindheit bis hin zum Erwachsenenalter, dann über ein Hochplateau, um von da aus im Abstieg des Alters bergab zu führen. Das Plateau ist vielleicht im Zeitalter der rüstigen Alten nach hinten verlängert. Gleichwohl haben wir wenig gute, wertschätzende Bilder vom Älterwerden.

Aus dem Blickwinkel der Entwicklung betrachtet geht es aber auch im Alter noch höher hinauf. Weitere Verdichtung, Reife und Seelenkraft sollen gewonnen werden, nämlich dann, wenn wir die Herausforderungen annehmen, die das Leben uns hinstellt. Nur wenn es nicht gelingt, die jeweilige Lebensphase sinngemäß zu durchleben, werden die nicht erledigten Aufgaben zur Last, die das Weiterschreiten behindert. In meiner Erfahrung ist es aber so, dass es nie endgültig zu spät ist. Solange wir leben, gibt es immer wieder eine Gelegenheit, auch Verpasstes nachzuholen, selbst wenn es dann vielleicht mühsamer ist. Die lebenslange Formbarkeit des Gehirns macht das möglich. Spätestens aber ab der Lebensmitte hängt die Frage, ob sich von hier aus ein weiterer Aufstieg verwirklichen lässt oder eher ein

Abstieg erfolgt, ganz wesentlich von unserer eigenen Lebensgestaltung ab. Deshalb hat das Alter ja so verschiedene Gesichter. In viel höherem Maße als jede vorige Lebensphase hängt diese Phase von einem selbst ab. An beiden Enden eines Spektrums mit vielerlei Zwischentönen stehen die archetypischen Gegenbilder: Ob wir die weise Frau, den weisen Mann oder die böse, missgünstige Hexe, den machtgierigen, destruktiven Zauberer in uns ausbilden wollen – eine Bandbreite von Möglichkeiten steht vor uns. Wie wollen wir werden? Was streben wir an? *Sage mir, was hast du vor mit deinem einen, wilden, kostbaren Leben?*

Die Wurzeln der Weisheit

Sage mir, was hast Du vor
mit Deinem einen, wilden, kostbaren Leben?
Mary Oliver

Lassen Sie uns nun einen Blick auf die Lebensphase der Adoleszenz werfen.

Sie beginnt in heutiger Sicht mit etwa 14 Jahren und geht mit ca. 25 Jahren zu Ende. Um welche innere Thematik und Aufgabe geht es dabei? In dieser Lebensphase muss eine haltbare Identität gefunden werden. Unter Ich-Identität versteht man in der Psychologie, dass sich die bisherigen, vielfältigen Lebenserfahrungen der Kindheit zu einer klar erkennbaren Persönlichkeit verdichten, die in der Lage ist, ihr Leben zu bewältigen und eben daraus weitere Kraft und ein sich vertiefendes Gefühl von sich selbst zu gewinnen. Zur Ich-Identität gehört auch, dass man seine soziale Umgebung so weit versteht, dass man sich darin zurechtfinden kann.

In dieser Lebensphase spannt sich auch das Feld auf, das unsere Kreativität ein Leben lang herausfordern wird: Das Spannungsfeld zwischen unserer Entscheidungsfreiheit und unserer ethischen Verantwortung, das Kraftfeld zwischen unseren persönlichen Wünschen und dem Gerufensein von unseren Lebens- und Weltentwürfen, von unseren Visionen und Hoffnungen, und auch von unseren Fähigkeiten, Talenten und Potenzialen, die verwirklicht werden wollen. Unser Wünschen und Wollen ist ja keineswegs eindeutig. Es ist vielfältig und oft sogar widersprüchlich. Das macht gerade die schöpferische Offenheit menschlichen Seins aus. In psychologische Begriffe gefasst ist es das Spannungsfeld zwischen dem persönlichen Ich, das ich bin, und dem größeren Selbst, das mich lebenslang immer wieder aufruft, über mich selbst hinauszuwachsen und neu zu werden. In diesem Spannungsfeld leben vielerlei Wunschkräfte. Es gibt sozusagen verschiedene Willen in uns. Das kennen wir alle sehr gut. Es drängt und zieht uns innerlich häufig in unterschiedliche Richtungen. Vor allem in der Pubertät ist das für die jungen Menschen selbst und auch für ihre Umgebung oft heftig spürbar.

Deshalb ist leicht nachvollziehbar, warum Erikson sagt, dass in der Adoleszenz die Treue als innere Kraft erworben werden muss, vor allem die Treue zu sich selbst. In der Adoleszenz geht es darum, all den verschiedenen Strebungen, all diesem Wünschen und Wollen eine Fassung zu geben, die sie zusammenhalten kann. Identität heißt ja, dass ich nicht heute so bin und morgen ganz anders. Identität heißt, dass meine Persönlichkeit eine verlässliche Kontinuität für mich selbst und auch für die anderen aufweist, dass es einen roten Faden gibt, der das Leben durchzieht.

Sage mir, was hast du vor mit deinem einen, wilden, kostbaren Leben? Diese Frage vereinigt in sich zwei verschiedene

Fragerichtungen, die zunächst einmal auseinandergehalten werden müssen. Die erste Fragerichtung könnte in die schlichte Frage gefasst werden, die ich oft meinen Klienten stelle: Was willst du? Diese Frage gilt es in unserem Leben an uns selbst zu stellen. Nun werden Sie vielleicht sagen: Das ist ja nichts Besonderes. Natürlich müssen wir uns das fragen, immer und immer wieder. Und doch ist es so, dass bei vielen Menschen in der Geschäftigkeit ihres täglichen Lebens diese Frage häufig in Vergessenheit gerät. Wir rennen den Anforderungen, die sich uns stellen, den Plänen, die wir machen, den Erwartungen, die wir verspüren, oft so atemlos hinterher, dass wir gar nicht dazu kommen, uns wirklich Zeit dafür zu nehmen. Denken Sie einmal darüber nach, wie oft Sie sich ernsthaft befragen: Was will ich?

Was will ich? Die Frage fragt nach meinen persönlichen Wünschen und Bedürfnissen, nach meinen Interessen und Zielsetzungen, nach dem Verlangen, das ich habe, nach der Lust, die ich verspüre. Die Frage fragt nach mir. Sie ruft meinen persönlichen Willen auf.

Das ist der eine Pol des oben beschriebenen Spannungsfeldes unseres Lebens und unserer inneren Welt. Damit dieses Spannungsfeld sich auffalten kann und nicht verlorengeht, muss eine zweite Frage hinzukommen. Beide gehören notwendig zusammen. Die zweite Frage lautet: Was willst du wirklich?

Wann haben Sie sich zuletzt so ernsthaft befragt: Was will ich wirklich? Was ist mir so lieb und wert, dass ich meine Kraft dafür einsetzen will? Was ist es, das ich zutiefst ersehne, was will mein Innerstes hervorbringen, was ist es, wofür ich angetreten bin, um es in die Welt zu bringen?

Was will ich wirklich? Diese zweite Frage fragt nach etwas Tieferem, sie fragt nach einem größeren Willen in mir, nach dem, was aus mir und durch mich ins Leben kommen will.

In der poetischen Formulierung von Mary Olivers Gedicht werden diese beiden Fragerichtungen in eine einzige Frage gefasst: *Sage mir, was hast du vor mit deinem einen, wilden, kostbaren Leben?* Das Kunstwerk unseres Lebens besteht darin, das Spannungsfeld unseres Menschseins, das Aufgespanntsein zwischen unseren persönlichen Wünschen und dem Wollen, Sehnen und Hoffen unserer Seele in ein einziges Ganzes zu verweben. Es fordert uns eine hohe Lebenskunst ab, die beiden Ebenen unseres Menschseins gleichzeitig zum Ausdruck zu bringen in unserem wirklichen, gelebten Leben heute und morgen, in der Gestaltung unserer persönlichen Biografie.

Ich komm' nur viel zu selten dazu ...

Der Sand im Stundenglas der Weltgeschichte
scheint immer schneller zu rinnen.
Joe „Sepp" Polaischer

Den Beginn des frühen Erwachsenenalters sieht man heute etwa bei 25 Jahren und es geht mit etwa 40 Jahren zu Ende. Auf die Frage, was dazu gehöre, dass ein Mensch normal und gesund sei, sagte Sigmund Freud einmal: „Lieben und arbeiten." Die beiden großen Themen dieser Zeitspanne, Partnerschaft und Beruf, müssen jedes für sich gemeistert und schließlich auch ein Gleichgewicht zwischen diesen zwei Lebensbereichen gefunden werden. Wie fülle ich meine berufliche Rolle aus, wie werde ich eine gute Lehrerin? Wie ergreife ich meine Rolle als Vater? Wie nehme ich meinen

Platz ein im Sportverein, in der Gemeinde und überhaupt in der Gesellschaft? Das sind die Fragen zu Beginn dieser Phase. Der eigene Wille muss jetzt ergriffen und verwirklicht und so die Persönlichkeit ausgestaltet werden: Jetzt ist selbstständige Entscheidungsfähigkeit gefragt, die persönliche Moral und die Entwicklung eigener Werte werden im täglichen Leben herausgefordert. Die Selbstbilder und Ideale der Jugendzeit werden mit der Wirklichkeit konfrontiert. Wo liegen meine tatsächlichen Fähigkeiten, meine Wirkungsmöglichkeiten und wo stoße ich an meine Grenzen? In dieser Phase legen wir eine Lebensspur, unser Handeln hat Folgen, wir werden an unseren Früchten erkennbar. So ist es auch eine Zeit der Entmystifizierung: Die Selbst- und Weltbilder, die im Jugendalter meist noch sehr idealen Charakter haben – und auch haben sollen! – werden jetzt wirklichkeitsgemäßer, allerdings liegt darin auch die Gefahr zu glatter, übergroßer Anpassung.

Dazu möchte ich Ihnen ein Beispiel aus meiner psychotherapeutischen Praxis vorstellen: Paul kam mit Anfang 30 in einer Phase von Depression, Panikanfällen und innerer Getriebenheit zu mir. Er berichtete, dass ihm die Arbeit über den Kopf wachse. Auf seinem Schreibtisch häufte sich immer mehr Unerledigtes an und er hatte alles Selbstvertrauen verloren, glaubte, ihm fehle überhaupt die Kompetenz für seinen Beruf. Das war aber gar nicht der Fall, wie wir miteinander herausarbeiten konnten. Paul fühlte sich nur gefangen in den unerbittlichen Verpflichtungen eines beruflichen Lebens, dem er nicht entkommen konnte. Schon jung, mit 20 Jahren, waren er und seine Freundin durch eine ungeplante Schwangerschaft Eltern geworden, ein zweites Kind war inzwischen dazugekommen. Paul musste die Familie ernähren, daran war nicht zu rütteln. Aber er hatte seine Jugend nicht zu Ende leben und herausfinden können, wer er wirklich war und was er mit seinem Leben anfangen wollte. Mary Olivers Frage war nicht wirklich gestellt und deshalb auch nie beantwortet worden: *Sage mir, was hast du vor mit deinem einen, wilden, kostbaren Leben?* Paul hatte, das wurde in unseren Gesprächen schnell klar, seine Adoleszenz nicht wirklich abschließen, die Lebensaufgabe, die ihm dort gestellt war, nicht so bewältigen können, dass er gestärkt in die Phase des Erwachsenseins eingetreten wäre. Ein Teil von ihm war sozusagen dort hängengeblieben. Unter dem Druck der Gegebenheiten hatte er sich damals zum Studium der Medizin entschlossen, weil es gute berufliche Aussichten versprach. Überdies lag es auch deshalb nahe, weil schon der Vater als Arzt erfolgreich war. Die Eltern redeten ihm zu und versprachen Unterstützung für diesen Weg, bis er selbst ein Einkommen hätte. Auch war Pauls wissenschaftlicher Verstand eine gute Grundlage für dieses Studium; es schien nicht verkehrt zu sein. Aber er hätte viel lieber ein ganz anderes Leben geführt, ein Leben, bei dem er der Natur nahe sein konnte, anstatt seine Tage in einer Klinik zu verbringen. Um des Kindes willen ging Paul überdies eine Ehe ein, die er nicht aus freiem Willen gewählt hatte. Paul liebte seine Frau; aber er hatte weder die Entscheidung für die Familie, noch diejenige für seine berufliche Zukunft zu diesem Zeitpunkt wirklich getroffen. Er hatte die wichtigen Fragen ausgelassen: Wer bin ich? Was will ich? Wie will ich mein Leben gestalten, so dass es wirklich zu meinem wird? Paul hatte seine Fähigkeit zu lieben und zu arbeiten nicht wirklich ergriffen. Er war hineingestolpert. Das konnte aber zu dem Zeitpunkt, als er zum ersten Mal zu mir kam, nicht eingehender ergründet werden. Zu sehr lastete der Druck des Funktionieren-Müssens auf Paul. Da er eine sehr rational veranlagte Persönlichkeit ist, hatte er auch wenig Interesse, seine innere Welt zu erforschen und zu verstehen, um was es in der Tiefe ging. Ich konnte Paul damals so weit helfen, dass er sein Leben wieder ausbalancieren konnte. Dazu musste er den Mut finden, sich selbst zu befragen: Was will ich? Er musste sich daraus lösen, seine Verpflichtungen als so übermächtig zu erleben, dass er darunter verlorenging. Er musste beginnen, eigene Wünsche, Willensentscheidungen und Ziele zu verfolgen. Der zweiten Frage, der Frage: Was will ich wirklich? Was will aus der Tiefe meines Selbst ans Licht kommen?, konnte Paul sich zu diesem Zeitpunkt noch nicht öffnen. Sie hätte ihm einen zu großen Umbau seiner Identität abverlangt.

Aber er konnte sich vom Druck am Arbeitsplatz so weit distanzieren, dass er wieder handlungsfähig wurde, seine Arbeit anders strukturieren und die anfallenden Aufgaben bewältigen konnte. Dadurch wurde auch sein privates Leben entlastet. Er gewann neue Lebensfreude und meldete sich zu einer Fortbildung an, die ihm innere Selbsterfahrung und ein Stück Selbstfindung ermöglichte.

Das Leben weitertragen

Wo deine Talente und die Bedürfnisse der Welt
sich kreuzen, dort liegt deine Berufung.
Aristoteles

Im mittleren Erwachsenenalter, zwischen 40 und 55 Jahren, verschiebt sich die Thematik allmählich von der Produktivität hin zur Generativität, wie Erikson es nennt. Es geht nun nicht mehr darum, nochmals ein Kind zu bekommen oder weiter das berufliche „mehr, schneller, besser“ zu verfolgen, das unsere Welt dominiert, sondern darum, für die Weiterentwicklung des Lebens zu sorgen. Die eigenen Kräfte, Fähigkeiten und Potenziale sollen nun für andere fruchtbar werden – für die eigenen Kinder, für andere Menschen und für die Umwelt. Es geht in anderen Worten nun darum, dass wir in uns die Fähigkeit zur Fürsorge ausbilden. Fürsorge nicht als äußere Pflicht, sondern als innere Verpflichtung, als tiefer Wille, uns um das zu kümmern, was wir ins Leben gebracht haben – seien es Menschen, Produkte oder Ideen. Es geht darum, für das Weitergehen des Lebens Verantwortung zu übernehmen. Es ist an uns, das Leben weiterzutragen. Die Entwicklungsaufgabe fordert uns eine Veränderung unserer Willensausrichtung ab: Was will ich wirklich? Was liegt mir am Herzen? Wofür will ich mich einsetzen? Wofür will ich sorgen? *Was habe ich vor mit meinem einen, wilden, kostbaren Leben?*

Mit 44 Jahren kam Paul erneut zu mir. Zunächst schien die Situation dieselbe zu sein wie zwölf Jahre zuvor. Wieder war er in Depressionen versunken, klagte über Panikattacken, Schlafstörungen und Hoffnungslosigkeit. Die Arbeit war ihm, nachdem er viele Jahre gut zurechtgekommen war, erneut über den Kopf gewachsen und jetzt war es sogar noch schlimmer als damals. Inzwischen hatte er eine Leitungsposition inne und sein Verantwortungsbereich hatte sich entsprechend ausgeweitet. Diesmal aber gelang es uns, tiefer zu schürfen: Nachdem Paul die Depression überwunden und seine Arbeitskraft wiedergefunden hatte, was überraschend schnell gelang, zeigte er eine starke Motivation, den Dingen weiter auf den Grund zu gehen. Die Wiederholung der Krise hatte ihm gezeigt, dass da etwas unter der Oberfläche verborgen lag, das sein Leben und seine Weiterentwicklung behinderte. So konnten wir beginnen, seine Geschichte zu erforschen. Paul wollte sich auf die Suche machen nach dem, was er bisher ausgelassen hatte und nun seinem Leben hinzufügen musste. Er verstand, dass er seinen tieferen Willen finden und für seine Verwirklichung einstehen, er verstand, dass er für seine Wünsche, Bedürfnisse und Lebensentscheidungen Sorge tragen musste. Das Sorge-Tragen hatte er bei seinen Kindern schon geübt. Es war ihm immer leicht gefallen, für sie da zu sein. Jetzt musste er lernen, diese Fähigkeit auf sich selbst anzuwenden.

Paul begann wirkliche Verantwortung für sein eigenes Leben zu übernehmen. Er begriff, dass es etwas Kostbares war, das ihm zwischen den Fingern zu zerrinnen drohte, wenn er sich nicht darum kümmerte. Auch das gehört zur Thematik der Generativität: Fürsorge sich selbst gegenüber. Das ist kein Egoismus, ist keine Ich-Bezogenheit. Auch in uns, in unserem eigenen Inneren gibt es „Kinder", die unserer Fürsorge bedürfen. In der Tiefe der eigenen Seele warten vielerlei Kräfte, Fähigkeiten und Potenziale darauf, dass wir sie finden und in unsere Obhut nehmen. Was will werden in mir und aus mir heraus?

Dass die unter der Oberfläche verborgenen Wünsche, Themen und Potenziale sich mit verstärkter Kraft melden, ist typisch für die 40er-Jahre. Die neuerliche Krise rief Paul mit Macht dazu auf, nach ihnen zu forschen und sie zu verwirklichen. Das fiel ihm nicht leicht. Seine persönlichen Wünsche waren tief vergraben und wir mussten kräftig pflügen, um sie wiederzufinden. Aber er hatte verstanden, dass er nicht mehr darum herumkam, weil durch die Depression etwas zu ihm sprach, das sehr spürbar und sehr wirklich war. Etwas in ihm, das einen eigenen Willen äußerte, den er erkunden musste. Es sagte ihm, dass es so nicht weitergehen konnte. Dadurch bekam die Frage: Was will ich? einen Schub in Richtung auf die zweite Frage: Was will ich wirklich? Was will werden in mir und aus mir heraus? Jetzt konnte Paul diese Frage zulassen. Er war bereit, sich dem zu stellen, was sie zutage fördern würde.

Paul ist ein drastisches Beispiel dafür, wie die persönlichen Wünsche und mit ihnen auch die größeren Ideale und Hoffnungskräfte, die das Leben tragen und vorwärts ziehen, so unter die Räder geraten können, dass man sich nur noch in falsch verstandener Pflichterfüllung erschöpft: keine *Berufung*, nur Beruf! Aber in jedem Leben geht in den Jahren der Produktivität etwas verschütt. Viele meiner Klientinnen und Klienten holen in der Lebensmitte wieder etwas in ihr Leben zurück, das für längere Zeit verlorengegangen war. Sie kramen zum Beispiel ein Instrument vom Speicher und beginnen wieder regelmäßig zu üben, treten einer Theatergruppe oder einem Chor bei, engagieren sich auf politischer Ebene in Gemeinde und Region oder in einer sozialen Initiative, machen beispielsweise eine Ausbildung, um ehrenamtlich in einem Hospiz mitarbeiten zu können. Solche Schritte zur Vervollständigung der Persönlichkeit sind jetzt sehr bedeutsam. Die Persönlichkeitsanteile, die bisher noch fehlen, wollen dazukommen: *Sage mir, was hast du vor mit deinem einen, wilden, kostbaren Leben?* Dass brachliegende Potenziale mit Macht nach ihrer Verwirklichung rufen, kann sich oft in Depressionen, in Ängsten und Lebensbedrückungen ausdrücken. Wenn diese genauer angeschaut werden, zeigt sich, dass die Persönlichkeit sich nicht nur erweitern will über ihr ganzes Potenzial, sondern auch durch dessen generative Verknüpfung mit der Welt: *Wo deine Talente und die Bedürfnisse der Welt sich kreuzen, dort liegt deine Berufung.*

Mit der Wende zu den 50er-Jahren des Lebens kommt allmählich das Alter in den Blick. Wenn dies ein guter Lebensabschnitt werden soll, der zwar körperlichen Abbau, aber geistige Erweiterung bringt, muss jetzt ein neues Ganzes zusammenkommen dürfen, ein Ganzes, das mehr als die Summe seiner Teile ist. Damit die kommende Lebensphase eine gute Basis erhält, muss jetzt der tiefere Zusammenhang des eigenen Lebens gefunden werden, der rote Faden, der unser Leben von vorne bis hinten durchwirkt, verbindet und zu einem Ganzen werden lässt. Der Faden, der die Menschen, Orte und Geschichten, die Begegnungen, Handlungen und Erlebnisse in eine Lebensgeschichte zusammenfasst, die ein Thema, eine Ausrichtung und ein Ziel hat. Der rote Faden verkörpert den tiefen Impuls, der jedem Leben zu eigen ist, der gefunden und ausgedrückt werden will, damit dieses Leben sich erfüllen kann.

Gegen Ende der Lebensphase des mittleren Erwachsenenalters ist der Lebensüberblick so weit angewachsen, dass das Spannungsfeld zwischen persönlichem Ich und größerem Selbst allmählich eine neue Bedeutung bekommt: Wir erkennen, in welcher Weise wir unserem Lebenskunstwerk seinen eigenen Schliff gegeben, ihm unsere persönliche Form aufgeprägt und seinen individuellen Klang verliehen haben. Früher haben uns unsere Größenphantasien vielleicht noch glauben gemacht, dass sich das Leben unseren Wünschen und unserem Willen beugen muss, oder wir haben im Gegenteil das Leben und das Schicksal als übermächtig erlebt und uns selbst als *Sandkorn im Stundenglas der Weltgeschichte*. Jetzt aber können wir zunehmend den Widerspruch auflösen und ineins denken, dass jeder von uns nicht nur das Zentrum seines eigenen Universums und Schöpfer seines Lebenskunstwerkes ist, sondern *gleichzeitig* auch Teil eines größeren Ganzen, Geschöpf, das zulassen muss, geformt und gestaltet zu werden, um immer mehr seinen Platz im Gesamtkunstwerk des Lebens zu finden und einzunehmen.

In der Zeit „50 plus“ – wie man heute sagt – will sich das Selbst ausweiten. Es will sich über die bisherige Begrenzung auf persönliche Belange hinaus erweitern und sich in einer zunehmenden Identifikation mit etwas Größerem wiederfinden: Was will das Leben von mir? *Du mein eines, wildes, kostbares Leben, was hast du vor mit mir?*

Eigentlich bin ich ganz anders

Warum betrachten wir das Alter nicht als eine neue Entwicklungsphase im menschlichen Leben – nicht Verlust der Jugendlichkeit, sondern eine Entwicklung mit offenem Ende und eigenen Gesetzen, die wir vielleicht auf noch nie dagewesene Weise selbst bestimmen können.

Betty Friedan

Im reifen Erwachsenenalter, das mit etwa 55 bis 60 Jahren beginnt, geht es in Eriksons Sicht um das Erlangen von Integrität. Darüber sagt er: „Integrität bedeutet die Annahme seines einen und einzigen Lebenszyklus und der Menschen, die in ihm notwendig da sein mussten und durch keine anderen ersetzt werden können. Es bedeutet (...) die Bejahung der Tatsache, dass man für das eigene Leben allein verantwortlich ist.“ (1973, S. 118) Wir sehen also, dass einer der durchgehenden Entwicklungsstränge des Lebensweges die zunehmende Übernahme der Eigenverantwortung ist. Je mehr wir unsere Projektion zurücknehmen können, dass am Unglück unseres Lebens die anderen, die Umstände oder das Schicksal schuld sind, umso mehr wächst unsere innere Kraft. Unser Leben erhält seine Würde durch unser Wissen, dass es unsere persönliche Weise war, dem Geschehenden Sinn zu verleihen. Integrität bedeutet, dass ich mein Leben so bejahen kann, wie es bis dahin eben war – in guten und in schlechten Tagen.

Dies ist ein Prozess zunehmender Verinnerlichung. Die persönlichen Lebenserfahrungen wollen geistig durchdrungen und in eine eigene Lebensphilosophie umgewandelt werden, eine Lebensphilosophie, die uns Sinn und Bedeutung unseres Lebens aufscheinen lässt. Es geht darum, dem Leben einen tieferen Sinn zu verleihen, indem es innerlich neu gefasst und geistig durchdrungen wird. Die Entwicklung will in die Tiefe gehen, dabei die Ich-Bezogenheit auflösen und zur Selbstlosigkeit fortschreiten – denn das ist ja der andere wichtige Strang des Entwicklungsweges: dass wir unseren Narzissmus immer mehr zurücknehmen können und wir uns mehr und mehr wiederfinden in der Fürsorge für das größere Ganze, für das Weiterleben des Lebens. Eine Frau am Ende ihrer 60er beschreibt ihre *selbst bestimmte Entwicklung* so: „Heute kann ich die Landschaft wie ein Adler aus der Höhe überschauen und mich dort niederlassen, wo ich gebraucht werde." Eine Haltung, die gleichzeitig distanzierten Überblick und Willen zur Zuwendung ausdrückt.

In diesem Zusammenhang möchte ich Ihnen von einer Patientin berichten, nennen wir sie Elsa, die ich in ihrer schweren Erkrankung begleitet habe. Elsa gehört altersmäßig eigentlich nicht in diese Lebensphase; als sie starb, war sie 43 Jahre alt. Aber die Entwicklung, die sie vor ihrem Tod durchlebte, gehört mit ihren Themen und ihrer Integrationskraft hierher. Ich denke, dass der ihr vor Augen stehende Tod Elsa dabei geholfen hat, ihre Entwicklung weiterzutreiben und so noch rechtzeitig zu Ende zu bringen, wofür ihr nicht mehr an Zeit verblieb.

Elsa war in einem abgelegenen Dorf als einzige Tochter in einem gefühlsarmen und strengen Elternhaus aufgewachsen. Während des Studiums kam sie mit ganz anderen Menschen und mit Ideen in Berührung, die wie ein frischer Wind durch die Enge ihrer Gedanken und Gefühle fegten und sie in Begeisterung versetzten. Ein Mann vor allem, der in der alternativ orientierten Studentenszene eine Stimme hatte und bereits auf eine bekannt gewordene Buchveröffentlichung verweisen konnte, hatte es ihr angetan. Dieser Mann sammelte zusehends eine kleine Schülerschaft um sich und im Laufe der Zeit gründete sich eine Gemeinschaft, die eine ganz neue Lebensform mit hochgreifenden Idealen entwickeln wollte. Elsa gab dafür sogar ihr Studium auf. Ihre Eltern waren entsetzt, aber Elsa brach alle Brücken hinter sich ab. Dann erkrankte sie an Brustkrebs. Der Leiter der Gemeinschaft, der sich seither zu einer Art Guru entwickelt hatte, lehnte alle medizinischen Therapien ab: Elsa solle ihre Angst überwinden und ihre eigenen Selbstheilungskräfte finden und stärken. Als Elsa immer elender und kranker wurde, suchte sie schließlich doch ärztliche Hilfe, aber da war es zu spät. Der Tumor konnte nicht mehr operiert werden. Ich lernte sie kennen, als sie in ihrer Not zu den Eltern zurückgekehrt war, schwerkrank und pflegebedürftig. Sie wusste, dass sie sterben würde. Ihr Leben schien auf ganzer Linie gescheitert zu sein.

Wir begannen miteinander zu arbeiten, ich machte regelmäßige Hausbesuche, und wir konnten nach und nach immer tiefer in ihre innere Welt eintauchen, ihre Ängste, ihre Wünsche und ihre Hoffnungen erforschen und den Beweggründen für ihr Handeln nachspüren. Unsere Gespräche und inneren Übungen halfen ihr dabei, sich aus den Vorwürfen herauszulösen, die sie sich selbst, ihren Eltern, dem Leiter der Lebensgemeinschaft, der sie angehört hatte, und auch Gott machte, und eine andere Sicht zu finden. Mehr und mehr übernahm Elsa Verantwortung für die Entscheidungen und Handlungen, die sie dorthin gebracht hatten, wo sie jetzt stand. Sie begann, sich mit sich selbst, mit ihrem Leben und mit ihren Eltern auszusöhnen. Sie musste sich auch mit ihrem Gottesbild auseinandersetzen, um einen neuen Glauben zu finden, der über das Bild des belohnenden und strafenden Gottes ihrer Kindheit hinauswachsen konnte. Während ihr Körper immer kranker wurde, konnten sich die Wunden der Seele schließen, nicht nur bei Elsa, sondern auch bei ihren Eltern.

Elsa, deren Leben durch ihr übergroßes Abhängigkeitsbedürfnis geprägt gewesen war, war doch noch der Schritt in die innere Eigenverantwortung gelungen, der Schritt, der Versöhnung bringt. Sie hatte zu einem erstaunlichen Einverständnis mit dem Verlauf ihres Lebens gefunden. Ein Leben, das nach gängigen Maßstäben als „verpfuscht" bezeichnet werden könnte. In meiner Sicht aber hat Elsa den roten Faden ihres Lebens gefunden. Durch ihr Einverstandensein konnte sie die Kraft befreien, die bisher im Widerstand gegen das, was tatsächlich war, gebunden war. Mit der Kraft ihres Einverständnisses konnte Elsa ihr Leben zu einer Ganzheit formen, in der alle einzelnen Teile ihren Sinn erhielten.

Ihre Biografie zeigte sich auf einmal in einem neuen Bedeutungszusammenhang: Alles durfte dazugehören, alles hatte Gewicht, nichts war sinnlos. Diese Bedeutungsfülle und Bedeutungsdichte wird erst sichtbar, wenn sich die Augen der Seele öffnen: Nur für sie ist die Dimension von Sinn zu erkennen. Vaclav Havel, der tschechische Schriftsteller und ehemalige Präsident, sagte einmal: „Hoffnung ist nicht die Überzeugung, dass etwas gut ausgeht, sondern die Gewissheit, dass etwas Sinn hat, egal, wie es ausgeht." Diese Hoffnungskraft war in Elsas letzten Tagen in ihrem Krankenzimmer spürbar. Und sie strahlte ganz am Ende darüber hinaus bis in einen weiteren Kreis der Verwandtschaft und Bekanntschaft und in die Dorfgemeinschaft hinein.

Solche Hoffnungskraft nennt Erikson Integrität. Denn was bedeutet Integrität? Der Duden leitet das Wort zunächst von dem lateinischen Adjektiv „integer" ab, es bedeutet: unberührt, unversehrt, ganz. Nun gibt es aber kein unberührtes Leben. Das wäre ein Widerspruch in sich, weil Leben Berührung nicht nur mit sich bringt, sondern auch voraussetzt und braucht. Auch unversehrtes Leben ist nicht denkbar. Jeder Mensch erlebt Verletzungen, wir alle tragen Wunden in uns, die das Leben geschlagen hat. Das Heilen der Lebenswunden, das Wiederherstellen einer neuen Ganzheit ist Thema und Aufgabe dieser Lebensphase. Jetzt gilt es, Integrationskraft zu erlangen, die Fähigkeit, das Verletzte, das Gespaltene und das Zerbrochene heilen zu können, so dass neue Lebendigkeit daraus hervorgehen kann. In seiner Handlungsform als Verb bedeutet „integere" nämlich: heil machen, unversehrt machen, wiederherstellen.

In Elsas Leben schien es, als hätten sich die Puzzleteile ihrer Biografie neu zusammengefügt. Nachdem sie in jener Lebensgemeinschaft, in die sie ihrem Guru gefolgt war, so tragisch gescheitert war, hatte sich Elsas Wunsch doch noch auf ganz andere Weise erfüllt. Um sie herum hatte sich eine tragende Gemeinschaft von Menschen gebildet, die miteinander auf dasselbe Ziel ausgerichtet waren, genauso wie Elsas tiefste Sehnsucht es erstrebt hatte. Eine Gemeinschaft, in die auch ich mit einbezogen war, solange ich Elsa begleitet habe, eine Gemeinschaft deren Zentrum sie selbst war. Vielleicht war ja eben dies die Leitmelodie ihres Lebens, vielleicht war das Elsas Lebensauftrag, ihr Lebensimpuls? Und sie verwirklichte ihn in ihrer ganz persönlichen Handschrift, auf ihre individuelle Weise: *Sage mir, was hast du vor mit deinem einen, wilden, kostbaren Leben?*

Das Kunstwerk unseres Lebens wird erkennbar, wenn wir das Leben in seiner Ganzheit erfassen können – eine Ganzheit, die weder unberührt noch unversehrt ist, eine Ganzheit, die auch durch die Mühen und Schmerzen gelebten Lebens errungen wurde.

Mein Leben – ein Kunstwerk: Jedes Kunstwerk ist inspiriert von einer Idee. Inspiration und Impuls, die das Kunstwerk ins Leben rufen, wirken von allem Anfang an bis zu seiner Vollendung. Es ist diese innerste Idee, die das Kunstwerk ausmacht. Der Künstler arbeitet von Anfang an darauf zu. Das gilt nicht nur in der Kunst. Es gilt für alles Wachsen und Werden. Jede Rose arbeitet stetig und still auf die Hagebutte hin, jede Eiche will Eicheln hervorbringen, um neues Leben zu schaffen.

Als Menschen leben wir immer schon auf eine Zukunft hin, wir sind unterwegs zu einem Ziel: Was werde ich aus meinem Leben machen? Wenn wir unser Leben als Kunstwerk betrachten, bringen wir eine schöpferische Dimension hinein; schöpferisch im Sinne wirklicher Kreativität, der eine Inspiration zugrunde liegt, die aus höheren Quellen gespeist wird.

Die Stärke, die aus dieser Auseinandersetzung mit der Sinnhaftigkeit des eigenen Lebens hervorgeht, nennt Erikson Weisheit. Wenn Ursula Staudinger sagt, vollkommene Weisheit sei der ideale Endpunkt einer Entwicklung, dann könnte man meinen, dass es so etwas wie Vollkommenheit und Perfektion im menschlichen Leben gäbe. Elsas Geschichte kann uns lehren, dass es um etwas anderes geht: Elsa erkämpfte sich eine „erfüllte und gelöste Anteilnahme am Leben im Angesicht des Todes“, um Eriksons Beschreibung der Weisheit zu benutzen. (1988, S. 78)

Das Leben kann sich überhaupt erst in dieser Lebensphase so recht als Kunstwerk entpuppen. Es ist wie in einem Gedicht. Nur in seiner Ganzheit kann es seine Kunst entfalten: Ist jedes Wort, jeder Gedanke mit der zugrundeliegenden Idee so durchdrungen, dass es nichts Unwesentliches, nichts Beliebiges darin gibt, nichts mehr, das nicht wirklich dazugehört?

So zeigt sich Weisheit als die Kraft, die Konflikte und Widersprüche des Lebens nicht zu leugnen, abzuspalten oder zu übertünchen, sondern allem einen Platz zu geben in einem kohärenten Ganzen.

Der Weisheit entgegen wachsen

Die Physik erklärt die Geheimnisse der Natur nicht,
sie führt sie auf tieferliegende Geheimnisse zurück.
Carl Friedrich von Weizsäcker

Schließlich habe ich doch noch Harry Potter gelesen. Ein Freund hatte mich darauf hingewiesen, dass diese Jugendbücher – jenseits allen Medienrummels – doch eine große Erzählung sind, die von den grundlegenden Themen menschlicher Existenz handelt: vom Weg des persönlichen Wachstums und seinem Zusammenhang mit dem großen Strom kultureller Entwicklung.

Thema des ersten, noch recht kindlichen Bandes ist die Suche nach dem Stein der Weisen, der nach alter Tradition Unsterblichkeit verspricht. Sein Besitzer, Nicolas Flamel, hat mit Hilfe des Steines inzwischen seinen 665. Geburtstag gefeiert, ein Datum, um das ihn die kleine Hexe sicherlich gehörig beneidet – falls sie ihn überhaupt kennt.

Vielerorts begegnet man der Klage, dass die Verbreitung von sogenannten Jugend- und Fantasybüchern, von Michael Ende bis hin zu Joanne Rowlings „Harry Potter" eines der Zeichen der Verkindlichung unserer Gesellschaft, der zunehmenden Regressionswünsche Erwachsener sei und die heute verbreitete psychische Alterslosigkeit anzeige. Das mag schon sein. Aber könnte man es nicht auch ganz anders deuten? Könnte man solche Bücher nicht auch als „Nachrichten vom Weltinnenraum" verstehen? Könnte es nicht bedeuten, dass hier eine Sehnsucht wächst und auch eine Notwendigkeit ruft, die innere Welt wahr- und ernstzunehmen, das

Leben mit den Augen der Seele zu betrachten, statt nur aus dem Verstand, aus der Ratio heraus? Könnte daraus nicht eine kollektive Suche nach etwas sprechen, das mehr als Wissen ist – eine Suche nach Weisheit? Denn genauso wie *die Physik die Geheimnisse der Natur nicht erklärt, sondern auf tieferliegende Geheimnisse zurückführt,* kann auch unser psychologisches oder neurobiologisches *Wissen die Geheimnisse unserer inneren Natur nicht erklären, sondern* nur *auf tieferliegende Geheimnisse zurückführen.* Deshalb muss alles Wissen von Weisheit ergänzt und in Weisheit eingebettet werden.

Weisheit gehört allerdings nicht gerade zu den gesuchtesten „Gütern" der Welt, in der wir leben. Sie zieht die Menschen nicht durch Glanz, Ruhm oder Reichtum an: Als Harry Potter dem Stein der Weisen zum ersten Mal begegnet – er weiß gar nicht, worum es sich handelt, sondern nur, dass es etwas sehr Wertvolles ist –, wundert er sich, dass im Hochsicherheitsverlies keine sagenhaften Juwelen liegen, sondern nur ein kleines braunes Päckchen. Der Stein der Weisen, das Symbol der Weisheit, kommt völlig unscheinbar daher, ganz unauffällig. So unspektakulär wie der Stein ist auch der Weg zur Weisheit, der Weg der Entwicklung und des Wachstums.

Äußerlich unspektakulär, aber innerlich ein Weg voller Abenteuer und Gefahren, ganz genauso wie in Harry Potters Geschichte, von der ich mich habe inspirieren lassen, und die im folgenden als roter Faden beim „Gang" durch die Säulen der Weisheit dienen wird. Im Rahmen dieses schmalen Büchleins können diese Säulen nicht in ihrer vielfältigen Differenzierung betrachtet werden. Jede einzelne von ihnen umfasst ja ein ganzes Themenspektrum – alle miteinander umspannen sie das ganze Menschsein. Deshalb habe ich mich darauf ausgerichtet, das zu beschreiben, was mir jeweils als Kern der Säule erscheint, der alles zusammenhält.

Die erste Säule: Weltraum und Weltinnenraum

Der Weisheit Anfang ist: Erwirb dir Weisheit,
erwirb dir Einsicht mit deinem ganzen Vermögen!
Sprüche 4,7

Jeder will weise werden, sagt Ursula Staudinger. Jeder würde einen Stein haben wollen, der Gold erzeugt und dich nie sterben lässt, glauben Harry Potter und seine Freunde Hermine und Ron. Während Ursula Staudingers Aussage Zweifel in mir hinterlässt, scheint mir Harrys, Hermines und Rons Sicht der Dinge sehr überzeugend: Das Leben auf magische Weise kontrollieren zu können, ist ein Wunsch, der weit verbreitet ist. Der Stein der Weisen, wenn es ihn denn gäbe, wäre *das* Objekt der Begierde.

Die erste Säule der Weisheit aber schlägt stattdessen ein ganz unmagisches Mittel vor, eines, das höchst nüchtern eigene Mühe und Anstrengung fordert, nämlich den Erwerb von Wissen, Kenntnissen und Fertigkeiten. Und das ist, so lesen wir bei Harry Potter, das allererste und allerwichtigste, sogar in der Welt der Zauberer.

Wie in jeder anderen Schule geht es auch auf Schloss Hogwarts, der Zauberschule, darum, die gestellten Aufgaben gut zu erfüllen und die eigenen Kräfte abschätzen zu lernen. Wer aber nicht nur ein guter Schüler sein und Wissen erwerben, sondern auf dem Weisheitsweg weiterkommen will, muss über das Lernen hinaus nach Selbstverwirklichung streben, sein menschliches Potenzial entwickeln. Nur wer eigene Interessen hat, und diesen folgt, kommt dabei weiter. Harry und Hermine sind geradezu Prototypen von Selbstverwirklichern. Beide wollen lernen und sich Neues aneignen, wenn auch auf ganz verschiedenen Gebieten. Zusammen mit Ron verkörpern sie drei Aspekte, die – wie schon der große Schweizer Pädagoge Pestalozzi fand – bei der Persönlichkeitsentwicklung harmonisch entfaltet werden müssen: Kopf, Herz und Hand. Auf dem Weisheitsweg gilt es, alle drei Aspekte zu entwickeln und in Einklang miteinander zu bringen. Hermine verkörpert Wissen und Klugheit. Harrys besondere Stärken sind die Herzensqualitäten Kraft und Mut. Ron steht seinem Freund Harry bewundernd und tatkräftig zur Seite und beweist so sein Talent zum Dienen und zur Hingabe. Die drei Freunde brauchen einander, um die Probleme und Herausforderungen zu bestehen, die über die Entwicklungsaufgaben der einfachen Welt der kleinen Hexe weit hinausgehen; sie bleiben auch nicht auf dem kindlichen Niveau des ersten Potter-Bandes stehen. Von Buch zu Buch werden die Herausforderungen schwerwiegender und komplexer und führen die drei Freunde hinunter in die Tiefen, aber auch in die Höhen seelischen Erlebens.

Der Weisheit Anfang ist: Erwirb dir Weisheit. Dieser Rat kann gar nicht genug befolgt werden! Studien über Kreativität haben ergeben, dass die Leistungen kreativer, geistig aktiver Menschen im Alter nicht nachlassen, sondern oft sogar zunehmen und zu Vertiefung und Vollendung finden können. Berühmte Beispiele für im Alter noch zunehmende Kreativität sind Goethe, Guiseppe Verdi, Antonio Gaudí, Nelson Mandela oder Linus Pauling. Jahrzehntelange intensive geistige Tätigkeit kann zu „mühelosem Expertentum“ führen. Die vielfach genutzten Gehirnverschaltungen können dann so leicht und flüssig operieren, dass sich Abbauprozesse im Gehirn nicht nachteilig auf die geistige Aktivität auswirken. Untersuchungen bei Nonnen in Minnesota, die ihre geistige Klarheit bis ins hohe Alter erhalten hatten, erbrachten erstaunliche Ergebnisse: Autopsien ergaben, dass einige von ihnen klare Anzeichen von Alzheimer aufwiesen: „Das Gehirn der Nonnen war von Alzheimer betroffen, aber ihr Geist war es nicht." (Goldberg, S. 165)

Das Erwerben von Wissen und Kenntnissen über die äußere Welt ist nur der Anfang. Es wird als Grundlage für die Weisheitsentwicklung benötigt, führt allein allerdings noch nicht zum „Gipfel menschlicher Erkenntnisfähigkeit und menschlichen Handelns" – um nochmals den Weisheitsforscher Paul Baltes zu zitieren. Wer mehrere Sprachen spricht, höhere Mathematik beherrscht und ausgezeichnet Geige spielt, kann deshalb noch lange nicht weise mit den Unwägbarkeiten und Problemen menschlicher Existenz umgehen, die die eigentliche Domäne der Weisheit sind. Da braucht es mehr: *Erwirb dir Einsicht mit deinem ganzen Vermögen!*

In einer Untersuchung der Berliner Weisheitsforscher wurden schwierige Lebensprobleme zur Diskussion gestellt, über die die Teilnehmenden laut nachdenken sollten, zum Beispiel darüber, wie man damit umgehen solle, wenn eine 15-Jährige heiraten möchte oder was man einem guten Freund rät, der am Telefon sagt, dass er sich umbringen will. Derlei existentielle Probleme lassen sich mit Hilfe von Wissen über die äußere Welt allein weder tiefgehend verstehen noch sinnvoll lösen. Man braucht dazu *Einsicht aus ganzem Vermögen*: Wissen über Lebensführung und Lebensdeutung, das auch das Wissen um die Ungewissheiten allen Lebens mit einbezieht – so wird Weisheit nicht nur in der psychologischen Forschung, sondern laut Umfragen auch im Alltagsverständnis definiert.

Wirkliche Einsicht in die zugrundeliegenden Prinzipien und tieferen Zusammenhänge des Lebens können aber nur über vertieftes Selbstwissen erworben werden: Wissen vom Weltinnenraum. Und so werden Harry Potter und seine Freunde vor vielerlei menschliche Herausforderungen gestellt, die bewirken, dass sie eine realistische Wahrnehmung und Einschätzung von sich finden können, ein realistisches Selbstbild gewinnen. Sie machen sich auf, ihr Identitätsgefühl – über das schulische Wissen hinaus – durch aktive Selbsterforschung zu erarbeiten.

Bei der Selbsterforschung besteht der erste Schritt darin, „dass wir uns all dessen bewusst werden, was in uns existiert und wirkt." (Assagioli 2008, S. 96) Harry, Hermine und Ron vollziehen diesen Schritt vom Weltraum zum Weltinnenraum, einen Schritt, der durchaus nicht selbstverständlich ist. Sie tun ihn allein, ihre Mitschüler haben ganz anderes im Sinn: „Tatsächlich wird all unsere Aufmerksamkeit, unser Interesse, unsere Tätigkeit im Allgemeinen von äußeren Problemen eingenommen", sagt Roberto Assagioli und beklagt, dass wir vernachlässigen, uns „über uns selbst klar zu werden, herauszufinden, wer oder was wir sind, uns selbst in Besitz zu nehmen." (Assagioli 2009, Kap. 2)

Carl Gustav Jung bescheinigte der modernen Welt „einen erschreckenden Mangel an Weisheit und Introspektion" und auch Roberto Assagioli wies auf die große Kluft zwischen äußeren und inneren Kräften hin. Ein Angehöriger einer früheren Zivilisation, so sagt er, würde uns sicher als Magier und Halbgötter bestaunen. Ein Plato oder ein Marc Aurel allerdings würde „erkennen, dass dieser moderne ‚Magier', der fähig ist, auf den Grund des Ozeans hinunterzusteigen und sich auf den Mond zu versetzen, weitgehend unwissend ist über das, was in der Tiefe seines Unbewussten vor sich geht, und dass er unfähig ist, in die leuchtenden, überbewussten Stufen hinaufzureichen, und sich seines wahren Selbst bewusst zu werden." (1982, S. 13)

Wer bin ich? Die alte Frage der Selbsterkenntnis führt in den Weltinnenraum, allerdings führt sie nicht – wie man meinen könnte – zur Erkenntnis einer klar umrissenen und endgültigen Identität. „Eine der größten Verblendungen, der schädlichsten und gefährlichsten Illusionen, die verhindern, dass wir sind, was wir sein könnten und das hohe Ziel, das uns bestimmt ist, erreichen, liegt darin, dass wir meinen, sozusagen ‚aus einem Stück' zu sein, d. h. eine klar definierte Persönlichkeit zu besitzen." (Assagioli 2009, Kap. 2) Vielmehr geht es darum, das Chaos, die Vielfältigkeit und die Konflikte zu erkennen, die in uns existieren. Es geht um Selbst-Beobachtung, um die Erkenntnis, dass die innere Welt ebenso wahrgenommen, erforscht und ausgelotet werden kann wie der äußere Weltraum auch. Es geht um die Erkenntnis der „Wirklichkeit der Seele" (Jung), darum, zu realisieren, dass diese unmittelbarste aller Realitäten, die innere, ebenso objektiv vorhanden ist und erkannt werden kann und muss wie die äußere Realität auch.

Selbsterforschung und Welterkenntnis gingen lange Zeit getrennte Wege, die sich nicht nur in der Unterscheidung der Disziplinen der Natur- und Geisteswissenschaften zeigten, sondern oft auch in einer Polarisierung von gegenseitiger Aberkennung der Wissenschaftlichkeit. Und doch hängen Selbsterforschung und Welterkenntnis eng zusammen, eines kommt – so beginnen wir allmählich zu verstehen – ohne das andere gar nicht aus. Wie ist die Welt „wirklich"? Wir können sie nur durch unsere Sinne, durch unser Empfinden, unser Fühlen und unser Denken erfassen. Wir „ersinnen" die Welt nur so, wie sie sich abbildet in unseren subjektiven Empfindungen und Gefühlen und in unserem Denken. Erst wenn wir auch das in die Erforschung miteinbeziehen, können wir verstehen, dass wir immer durch unseren persönlichen Blickwinkel, unser subjektives Fenster schauen und erkennen, dass das, was wir sehen, unser individuell gefärbter

Ausschnitt ist und nicht „die Welt an sich". Auf diese Weise können wir viele verschiedene Perspektiven einbeziehen, durch viele Fenster schauen, zunehmend eine integrale Sichtweise erlangen und umfassendere Erkenntnis gewinnen. Immer aber fängt es bei uns selbst an.

Wer bin ich? Was macht mich als Persönlichkeit aus? Welche Rollen spiele ich im Leben? Welche Teilpersönlichkeiten habe ich ausgebildet? Wie bin ich zusammengesetzt? Jeder, der schon einmal einen Blick in seine innere Welt gewagt hat, hat einen Eindruck von den autonomen psychischen Aktivitäten gewinnen können, die sich in jedem Menschen abspielen. Wenn wir nachts wachliegen und die sorgenvollen Gedanken nicht abstellen können oder wenn wir mit heftiger Wut oder anhaltendem Groll zu kämpfen haben, die wir nicht loswerden können, wird uns schnell klar, welch erstaunliche und ärgerliche Eigenständigkeit unsere innere Welt besitzt. „Jeder Urtrieb ist recht eigentlich ein Wesen für sich", so zitiert Assagioli (2009, Kap. 1) Hermann Keyserling, um „das Chaos, die Vielfältigkeit und die Konflikte, die in uns existieren" zu beschreiben. Manche modernen Wissenschaftler, beispielsweise Gehirnforscher, gehen sogar so weit, zu sagen, dass alles psychische Geschehen eine Eigendynamik habe und nicht der persönlichen Kontrolle unterliege. Der Glaube an einen persönlichen Einfluss auf Gedanken, Gefühle und auch Handlungen sei reine Illusion und unser Menschenbild, das einen freien Willen zur Grundlage hat, sei wissenschaftlich unhaltbar. Und aus der Perspektive dieser autonomen Vielfalt betrachtet scheinen sie sogar Recht zu haben. Aber das ist ja noch nicht die ganze Wahrheit. Wir sind ja erst bei der allerersten Säule!

Wer bin ich? Diese Frage führt unweigerlich zur inneren Vielfalt, zu den vielen „Ichs", den mannigfaltigen Stimmen, die in unserer inneren Welt umhergeistern und die in der Psychosynthese als Teilpersönlichkeiten bekannt sind: der Antreiber, die Kritikerin, das brave Kind, der Faulpelz, das Opfer und viele andere mehr.

Ich freue mich immer, wenn jemand zu mir kommt, um sich aufzumachen zur Erforschung des Weltinnenraums. Das ist der Anfang einer aufregenden, abenteuerlichen Erkundungsreise. Oft denke ich dabei an die großen Entdecker früherer Zeiten, Marco Polo und Christoph Kolumbus, die dazu beitrugen, dass die Welt „größer" wurde. Ich denke an Alexander von Humboldt und Carl Friedrich Gauß, die in den Zeiten lebten, als die „Vermessung der Welt" geschah. Ich denke an Expeditionen in die „dunkel lockende Welt Afrikas" einer Tania Blixen oder an die Nachtflüge eines Antoine de Saint Éxupéry, die die Tiefen- und Höhendimensionen der Welt erkundeten. Oder ich denke an Harry Potter und die Gestalten, die seine Welt der Muggel (Menschen wie du und ich) und der Zauberer bevölkern.

Bevor Margot zu mir kam, hatte sie noch wenig Impuls gehabt, sich selbst zu erforschen; ihr Weltinnenraum lag noch im Dämmerschlaf. Ihre Betriebsamkeit und ihre Energie hatten ihr dabei geholfen, den kleinen Betrieb, in den sie eingeheiratet hatte, zusammen mit ihrem Mann in einen Musterbetrieb zu verwandeln. Eine Tochter hatte sich dazugesellt, ein Sohn war gefolgt. Für Margots Organisationstalent war es keine große Sache, ihr Leben so zu planen, dass die Bedürfnisse der Kinder mit ihrem Leben als Geschäftsfrau zu vereinbaren waren. Aber sie konnte keine Freude und keinen Stolz darüber entwickeln, sondern litt unter einem hartnäckigen schlechten Gewissen. Jetzt war sie 42 Jahre alt, und als gesundheitliche Probleme auftraten, lief der Topf über und Margot wandte sich an mich.

Bei der Erforschung ihrer inneren Welt stießen wir unmittelbar auf ein ganzes Rudel innerer Stimmen, die unaufhörlich ihre Kommentare abgaben und Margot keinen Moment Ruhe ließen. Sie hatte nicht nur einen Antreiber, eine Perfektionistin und einen Kritiker, sondern auch einen erbarmungslosen Kommentator für alles und jedes. Die Gedanken-Stimmen hatten Margots vitale Schaffenskraft inzwischen ausgehöhlt und in hektische Getriebenheit verwandelt. Margot war erschüttert, als ihr die Stimmen zu Bewusstsein kamen, die sie bisher als selbstverständliches Hintergrunds-Geräusch ihres Geistes hingenommen hatte. Aber genau diese Erschütterung war dringend vonnöten, damit sie aus dem Hamsterrad aussteigen und beginnen konnte, ihr Denken und Fühlen zu erkunden. Zunächst war es, als würde ich mit ihr durch die düsteren Gänge von Hogwarts streichen, wo hinter mancher Ecke ein erschreckendes Schlossgespenst oder eine andere bedrohliche Gestalt lauert. Die Zuwendung zu dieser inneren Welt machte Margot zuerst Angst. Was könnte dabei aufgedeckt werden? Welche Monster mochten sich dort verborgen halten?

Das ist fast immer der Beginn eines Weges der Innenwelterforschung. Wenn jemand zum ersten Mal zu einer Psychosynthese-Sitzung kommt, ist das aufregend und oft auch beängstigend. Niemand beginnt gelassen und entspannt. Aber im Weltinnenraum gibt es viele Scheinriesen wie in Michael Endes „Jim Knopf“: Wenn man sich ihnen nähert, werden sie kleiner. Viele Gespenster können entlarvt werden, indem man ihnen das Leintuch vom Kopf zieht! Andere sind ernstzunehmender, allen muss man jedoch gegenübertreten, wenn man den Weg der Selbsterkenntnis beschreiten will.

Auch Margot erlebte, wie der Blick nach innen eine erstaunliche Folge zeitigte: Allmählich bekam sie Spaß daran,

„denen“ zuzuhören und herauszufinden, was dort in ihrer inneren Welt zu finden war, welche Gestalten und welche Anteile zu ihrer Persönlichkeit gehörten. Vor allem aber erfuhr sie, dass diese Betrachtung sie selbst in eine andere Verfassung versetzte: eine Verfassung von Entspannung, von Loslassen-Können und Ruhig-Werden. Sie begann diese Stunden, in denen ein innerer Freiheitsraum aufblühte, zu genießen. Allmählich tauchte unter all den strengen, antreibenden Stimmen ihre Erschöpfung und mit ihr eine tiefe Trauer darüber auf, dass sie nie ausruhen, niemals loslassen durfte. Als Margot lernte, diese Trauer deutlicher wahrzunehmen, wurde eine neue Stimme hörbar, eine Stimme, die bislang überdeckt gewesen war: die Stimme des Selbst.

Die Wendung des Blicks nach innen, der Schritt hin zur Erkundung des Weltinnenraumes bewirkt eine energetische Änderung im seelischen Gefüge: Die Aufmerksamkeit geht in eine andere Richtung als bisher. Da die Energie immer der Aufmerksamkeit folgt, fließt jetzt Lebensenergie – Libido, um einen psychologischen Begriff zu verwenden – in die innere Welt hinein: Die Seele bekommt Wachstumsenergie, die innere Welt wird lebendig, es ist, als würde sie bewässert und gedüngt, so dass ihre Pflänzchen erstarken und auch die Samen, die noch in der Erde ruhen, keimen können. Der Garten der Seele erblüht.

Ernsthafte Selbsterforschung hat durchaus nichts mit egozentrischer Nabelschau zu tun. Es ist eine echte Herausforderung, die großen Mut erfordert, einen Mut, wie Harry Potter und seine Freunde ihn immer wieder aufbringen müssen: „Um sich wirklich zu kennen, genügt es nicht, eine Aufstellung der Elemente zu machen, die unser bewusstes Sein darstellen. Es muss auch eine ausgedehnte Erforschung der weitläufigen Regionen unseres Unbewussten vorgenommen werden. Zuerst müssen wir mutig die Höhle unseres tiefen Unbewussten durchschreiten, um die dunklen Kräfte zu entdecken, die uns verstricken und bedrohen – die ‚Phantasmen', die Urbilder oder kindlichen Vorstellungen, die uns verfolgen oder auf stille Art beherrschen, die Ängste, die uns lähmen, die Konflikte, die unsere Energien aufzehren." (Assagioli 2004, S. 65f.)

Klingt das nicht wie eine Zusammenfassung von „Harry Potter"? Stellen sich Harry und seine Gefährten nicht der Erforschung genau dieser dunklen inneren Kräfte – die in der Geschichte ja nur nach außen gewendet werden? Bei ihren Erkundungen der „unterirdischen" Vorgänge in der Zauberer-Schule stoßen sie auf eben jene Phantasmen, die uns verfolgen, die Ängste, die uns lähmen und die Konflikte, die unsere Energien aufzehren oder sich in allerlei Getriebenheiten, Süchten, Realitätsverzerrungen, gewalttätigen Anwandlungen und selbstsüchtigen Begehrlichkeiten zeigen. Sie nehmen den Kampf auf mit Besitzansprüchen und Gewaltphantasien, mit Größenwahn und Hass, mit Machthunger und heimlichsten inneren „Missgeburten": Voldemort, der große Gegenspieler, ist in diesem ersten Band ja noch ganz unterschwellig – tief im Unbewussten verborgen, kaum auffindbar.

Wir begleiten Harry und seine Freunde nicht nur auf ihren abenteuerlichen Touren in die Tiefen des unteren Unbewussten, sondern auch auf den alltäglichen Wegen ihrer schulischen Verpflichtungen und ihrer Freizeitbetätigungen – also auf den Wegen des mittleren Unbewussten. Die Kräfte des Höheren Unbewussten, wie sie sich ganz besonders in Professor Dumbledore verkörpern, haben im ersten Band noch keinen „Wohnort", sie steigen noch auf die Ebene des mittleren Unbewussten herab. Woher Dumbledore jeweils erscheint, wo er wohnt, weiß man noch nicht. Erst später wird Harry auch den Weg zu Dumbledore in ein höheres Stockwerk hinauffinden, und so lernen, wie er dorthin gelangen kann – aus eigener Kraft.

Selbsterforschung bedeutet, sich der Vielgestaltigkeit der inneren „Flora und Fauna“ zuzuwenden, sich aller dieser „Ichs“, die im Innern wirken und handeln, bewusst zu werden, oder, in ein anderes Bild gefasst: die innere Bühne, die Truppe des seelischen Theaters kennen zu lernen. Das Vertrautwerden mit der eigenen menschlichen Natur, mit dem Weltinnenraum, eröffnet nach und nach die tieferen – und die höheren – Schichten, so dass auch die kostbarsten Kräfte ans Licht kommen können und das eigentliche Zentrum der Seele erscheinen kann, das Selbst.

Zum Aufbau der ersten Säule der Weisheit gehört nicht nur, dass ein Mensch seine innere Vielgestaltigkeit wahrnimmt und versteht, wie diese sich auf sein äußeres Leben auswirkt. Zur Entwicklung von Selbstwirksamkeit gehört auch, dass er um seine inneren Wünsche, Vorstellungen und Ziele weiß. Dass er ein Bild davon hat, wohin sein Leben sich entwickeln soll: Was will ich? Was will ich wirklich? *Sage mir, was hast du vor mit deinem einen, wilden, kostbaren Leben?*

Die Aufrichtung der ersten Säule der Weisheit steht zwar am Beginn des Weisheitsweges und ist die Basis für alles Weitere – das bedeutet aber nicht, dass sie jemals abgeschlossen werden kann. Die Entdeckung der Vielfalt des Weltinnenraums, des Kosmos der Seele ist eine nie endende Entdeckungsreise, bei der immer wieder neue Räume erobert werden können und wollen. Die Weite und Tiefe der Seele kann niemals ganz erfasst werden, sie reicht über das Persönliche hinaus in kollektive, und auch in spirituelle Bereiche hinein. So wie die Physik errechnet hat, dass das äußere Universum sich ausdehnt, erweitert sich auch unser Weltinnenraum, unser Bewusstsein. Es ist ja nicht so, dass wir uns unsere seelische Welt wie ein Haus vorstellen können, dessen Räume ausgemessen und dessen Einrichtung katalogisiert werden kann – und fertig. Dies ist ein ganz besonderes Haus. Jede Entdeckung im Seelenhaus führt zu etwas anderem, manche Erkenntnis führt zu einer weiteren Schicht, die sich neu eröffnet, in ein anderes Stockwerk, das sich auftut. *Die Physik erklärt die Geheimnisse der Natur nicht, sie führt sie auf tieferliegende Geheimnisse zurück.* Weltraum und Weltinnenraum entsprechen sich. So wie wir nie an ein Ende kommen, wenn wir immer tiefer in die Geheimnisse der äußeren Welt eindringen, so unerforschlich ist auch der Weltinnenraum, so geheimnisvoll und unergründlich ist auch die Welt der Seele.

Eva hat keine einfache Kindheit erlebt. In dem Umfeld, in dem sie aufwuchs, wurden die emotionalen Konflikte der Eltern ohne großes Nachdenken auf dem Rücken der Kinder ausgetragen, und Eva, als Älteste und als Mädchen, bekam die meisten gewaltsamen Übergriffe ab. Ihre emotionale, körperliche und sexuelle Integrität wurde schwer verletzt. Inzwischen ist sie 55 Jahre alt und schon seit vielen Jahren auf dem Entwicklungsweg. In großen Abständen kommt sie zu einer Einzelstunde, um dies und das zu klären und um ihren Wachstumsweg weiterzuführen. In dieser Stunde berichtet sie, sie habe sich entschlossen, zu einem Orthopäden zu gehen, um eine osteopathische Behandlung zu machen. Schweren Herzens, denn sie hat selten gute Erfahrungen mit Ärzten gemacht, aber die Schmerzen, die sie seit Monaten mit sich herumtrug, waren stark. Im Auto unterwegs zum ersten Termin fragte sie sich, welche von ihren Teilpersönlichkeiten sie zu ihrem Vorhaben mitnehmen solle, und ging ihre inneren Anteile durch. Da meldete sich etwas Neues: „Ich habe es den ‚Eigensinn' genannt. Auf einmal war er da.

Er wurde sozusagen unterwegs im Auto geboren. Da habe ich sowieso immer meine besten Ideen. Ich habe die Geburt regelrecht gefeiert und den Eigensinn freudig willkommen geheißen.“ In Evas Kindheit hatte es nämlich geheißen, sie sei trotzig und stur. Der neugeborene Eigensinn hatte jedoch eine ganz andere Bedeutung, eine positive. Er wurde als hilfreicher und wichtiger Bürger ihres Weltinnenraumes neu geboren, so dass Eva ihn sofort zu ihrer Behandlung mitnehmen konnte. Sie berichtet mir, dass es auch gut war, dass sie ihn dabei hatte, denn sie musste sich fast ganz ausziehen und der Osteopath war ihr nicht ganz geheuer. Gleichwohl konnte Eva mit der Unterstützung ihres Eigensinnes ihren Raum wahren und sich abgrenzen, ohne sich zu schämen oder in die alten Gedanken und Gefühle zu verfallen, sie sei körperlich nicht attraktiv genug, sie sei zu dick und nicht in Ordnung. Stattdessen dachte sie: „Es hat seine Gründe, warum ich genauso geworden bin, wie ich bin. Niemand kann das wissen außer mir. Ich bin wie ich bin und es ist in Ordnung.“ Sie konnte eine gute Haltung finden, als der Mann sie behandelte, „obwohl ich es sonst nicht mag, wenn ein Mann mich körperlich so berührt – außer bei meinem eigenen natürlich“, sagte Eva. Bis zum Schluss der Begegnung konnte sie das innere Wissen aufrechterhalten: „Es hat seine Gründe, dass ich so geworden bin, wie ich bin, und es ist in Ordnung.“ Hoch erhobenen Hauptes verließ sie die Praxis.

Das Auffinden des „Eigensinnes“ macht Eva stolz. Wir gehen damit in eine innere Arbeit. Ich bitte sie nachzuspüren, wie sich die Geburt des Eigensinnes im Körper anfühlt. Dort findet Eva Verschiedenes: Da ist etwas Kraftvolles, Eva kann den Boden unter ihren Füßen gut spüren, Stärke steigt auf: Es fühlt sich an wie ein kraftvolles Gesättigtsein. Und da ist auch etwas Zartes, zittrig wie ein Halm im Wind. Bei tieferem Nachspüren fühlt Eva Trauer. Sie ist bereit, diese Gefühle anzuerkennen und anzunehmen. Als das Zittern sich verstärkt, erkennt sie, dass auch Angst dabei ist. Die beiden unterschiedlichen Gefühlsqualitäten sind deutlich unterschieden nachfühlbar: Die Kraft einerseits und das Zarte, Zittrige andererseits. Während Eva weiter aufmerksam in sich hineinlauscht und schaut, entwickelt sich aus dem Körpererleben ein inneres Bild: Als würden die Kraft und das Zarte sich gegenüberstehen. Das Zarte entwickelt sich zu einer jungen Frau, weiß gekleidet mit Hut und Sonnenschirm, zerbrechlich und sensibel – wie aus dem 18. Jahrhundert. Die zarte Frau will sich aufrichten und ihren Kopf erheben. Voller Würde steht sie da, der Kraft gegenüber. Die beiden Teilpersönlichkeiten schauen sich an, mit Wohlwollen, Annahme und Respekt für die jeweils andere. Eva lauscht weiter in sich hinein. In einem Augenblick wortlosen Seins breitet sich Stille aus.

Der Stolz auf die zarte junge Frau, die sich aus eigener Kraft aufgerichtet hat, spiegelt sich in Evas Gesicht. Sie berichtet, dass häufig gehörte Sätze ihrer Kindheit während der inneren Arbeit als leise Begleitmusik aufgekommen waren: Hab dich nicht so. Sei nicht so empfindlich ... Da sie im Hintergrund geblieben waren, hatte Eva ihnen keine größere Beachtung geschenkt, sie ließ sie einfach da sein. So hatten sie den Prozess nicht gestört, sondern fast begleitet, den Prozess der Aufrichtung der ungelebten, zarten Seite. Hut und Sonnenschirm der zarten Frau empfand Eva als besonders schönes Detail: In ihrer kargen Kindheitswelt durfte es nichts Überflüssiges geben. Auch ihre Mutter gestand sich keinerlei weiblichen „Schnickschnack" zu. Erlaubt war nur das wirklich Notwendige.

Eva hatte als Älteste gelernt, der „beste Sohn ihres Vaters" zu sein. Der später geborene Bruder wurde vom Vater abgelehnt, er war zu empfindsam, zu unmännlich. Mit ihrer Kraft hatte Eva sich behauptet und ihr Leben gemeistert, trotz ihrer traumatischen Kindheitserfahrungen. Erst jetzt war die Zeit dafür gekommen, dass die abgelehnte Seite einer zarten, feinsinnigen Weiblichkeit ans Licht kommen konnte. Die Geburt des Eigensinns machte es möglich. Eine grundlegende Unterscheidung war ihr nun gelungen, so dass Eva den ihr zugeschriebenen Trotz in den „Sinn für das Eigene" wandeln konnte, in ein abgrenzungsfähiges Selbstempfinden. Eva konnte die äußeren Zuschreibungen darüber, wer sie ist, von ihrem Selbstbild ablösen.

Durch solche Differenzierungsarbeit kann auch erkannt werden, dass die innere Welt keine beliebige Welt der „Phantasie" ist, sondern eine wirkliche innere Dynamik mit eigenen Kräften, die berücksichtigt und mit eigenen Gesetzen, die befolgt werden müssen. Eva konnte sich „die Geburt des Eigensinnes" nicht ausdenken. Sie geschah als Frucht ihres langen Selbsterforschungsweges, sie wurde aus der Verdichtung ihrer inneren Not und aus der Konzentration ihrer Aufmerksamkeit geboren. Sie ist auch Frucht des Wissens darum, dass die seelische Welt zwar Eigendynamik besitzt, aber gleichwohl doch „meine" ist, für die nur ich selbst Verantwortung übernehmen kann – niemand sonst. Dieser Garten kann nur von mir selbst bestellt werden, so wie Eva es tut.

Die Erkenntnis der Vielfalt der inneren Welt reicht allein noch nicht aus. Um die Weisheit der persönlichen, individuellen Wachstumsbewegung freizulegen, muss die Vielfalt auch einen Zusammenhang finden, zunächst einmal den Zusammenhang der eigenen Biografie. Die Fähigkeit, die eigene Lebensgeschichte zu überschauen und in ihrer inneren Folgerichtigkeit und Kontinuität zu begreifen – bis hin zu dem Thema oder Konflikt, der jetzt aktuell ist –, gehört ebenso dazu wie die Kraft, sich in diese Geschichte hineinzustellen und Verantwortung für das zu übernehmen, was geschehen ist und was „ich daraus gemacht habe". Dann kann ich es ergreifen und weiter gestalten, in der Gegenwart stehend, aus der Vergangenheit herausführend, in eine neue Zukunft hinein. Evas neue Zukunft wird von ihrem Sinn für das Eigene mitgestaltet werden. Ich freue mich darauf, von ihr zu hören, wie die zarte Seite ihrer Weiblichkeit in ihr Leben Einzug halten darf.

Erwirb dir Einsicht mit deinem ganzen Vermögen: Eine Person, die ihre vielen „Ichs" kennengelernt hat, hat dadurch auch Bekanntschaft mit ihren Emotionen gemacht und hoffentlich auch Freundschaft mit ihnen schließen können. Sie kann dann – und das ist besonders bedeutsam auf dem Weisheitsweg – ein reiches Spektrum an Gefühlen erkennen und subtile Gefühlstönungen beschreiben: Weise Menschen, das wurde in der Weisheitsforschung deutlich, sind keine „positiven Denker", die die unangenehmen und die dunklen Seiten der menschlichen Existenz leugnen, sondern ganz im Gegenteil Persönlichkeiten, die Fülle und Komplexität ihrer emotionalen Welt kennen und anerkennen. Solch ausgewogene Vielfalt gehört zur Weisheitsentwicklung innigst dazu: Als die Weisheitsforschung in den frühen 1990er-Jahren entstand, definierte Robert Sternberg (1998) Weisheit auch als Suche nach dem Mittelweg zwischen den Extremen und als gelungene Koordination zwischen Denken, Fühlen und Wollen.

Die Entdeckung und Erforschung der inneren Vielschichtigkeit, der multidimensionalen Persönlichkeit, ist anregend und bereichernd. Sie kann aber dort bedrohlich werden, wo wir auf die Anteile unserer selbst stoßen, die wir verdrängen, abspalten oder verleugnen. Auch Harry Potter stößt auf unbewusste und unbekannte Seiten seines Lebens.

Dabei enthüllt sich, dass seine eigene Geschichte mit jener seines Gegenspielers Voldemort untrennbar verbunden ist. Harry hat mit dieser Entdeckung ebenso schwer zu kämpfen wie die meisten von uns mit den ihren. Es ist ihm überhaupt nicht recht; er hadert zutiefst. Das Schwierige, das uns begegnet und unsere eigenen dunklen Seiten schieben wir lieber dem Schicksal zu oder projizieren sie nach außen auf andere. Aber schließlich ist es Harrys Beziehung zu Voldemort, die nicht nur seine Kräfte aufruft und ihn dazu bringt, sein *ganzes Vermögen* zu entwickeln, sondern ihm auch seine Lebensaufgabe zeigt, den Sinn, der seinem Leben zugrunde liegt.

Harry hat als kleines Kind ein schweres Trauma durchlitten, das seinem Leben einen nicht rückgängig zu machenden Einschnitt zugefügt hat, ein Trauma, das ihn in tiefe äußere, aber auch innere Einsamkeit geworfen hat. Traumatisches Erleben ist immer von Gefühlen des Getrenntseins, der Entfremdung und Isolation gefolgt. Der Traumatherapeut Peter Levine fasst Trauma sogar als Verlust von Verbindung zusammen. Menschliches Leben braucht aber nicht nur ein ausreichendes Maß an äußerer Sicherheit, emotionaler Geborgenheit und sozialer Einbettung, sondern auch einen inneren Zusammenhalt, besonders dann, wenn die innere Verbindung durch traumatische Ereignisse verlorengegangen ist. Ein solcher innerer Zusammenhalt ist der Sinn, den ein Mensch in seinem Leben erkennen kann. Er knüpft die persönliche Biografie in einen größeren Zusammenhang und gibt ihr einen Platz darin.

Deshalb braucht inneres Lebendigsein einen Sinn, der über die reine Bewältigung des Lebens hinausgeht: In der Wochenzeitung „Die Zeit" (Nr. 36, 28.8.08, S. 43) schreibt Jens Jessen über die „traurigen Streber: Soll man staunen über Studenten, deren Berufswünsche Geld und Sicherheit heißen?"

Und: „Wo sind Kritik und Protest der Jugend geblieben? Angst vor der Zukunft hat eine ganze Generation entmutigt.“ (…) „Die gesellschaftliche Großdebatte um Globalisierung und verschärfte Konkurrenz, um Standort und Wettbewerbsfähigkeit ist bis tief in die Psyche vorgedrungen.“ Die Lebensläufe enthalten alles, was gefordert wird, nur eines nicht: „persönliche Wege und Umwege zum Glück, denn für Selbstfindungen ist keine Zeit …“ Die jungen Leute, heißt es weiter, halten das nicht für gut. Aber sie glauben nicht daran, dass die Welt zum Besseren verändert werden könnte.

Was liegt einer solchen Weltsicht zugrunde? Wie kommt es, dass die jungen Menschen keinen Glauben an ihre Selbstwirksamkeit entwickelt haben? Welche Versäumnisse in ihrer Erziehung gab es, welche Entwicklungsdefizite sind vorhanden, welche Geschehnisse haben dazu geführt? Das Ergebnis jedenfalls zeigt ein ähnliches Bild wie ein schweres Trauma: Der Verlust der Verbindung geht so tief, dass es keine Möglichkeit mehr zu geben scheint, irgendetwas an dem eigenen Lebensumfeld, an der persönlichen Lebenswelt so zu verändern, dass eine Lebensvision, eine Hoffnung auf Änderung zum Besseren aufrechterhalten und aktiv angestrebt werden kann. Eine Situation, wie sie übrigens in den Potter-Bänden zuspitzend geschildert wird. Eine Situation, der Harry, Hermine und Ron ganz entschieden den Kampf ansagen.

In der Traumatherapie spricht man vom Neuverhandeln: Das Neuverhandeln ist eben jenes Ringen mit dem, was geschehen ist, ist die Auseinandersetzung mit dem Übermächtigen, dem Abgelehnten, dem, was nicht zu ändern ist und nicht rückgängig gemacht werden kann. Wenn es gelingt, dies einerseits anzuerkennen und gleichzeitig eine andere Haltung dazu einzunehmen, die äußere Unveränderbarkeit des Vergangenen in eine innere Veränderung zu verwandeln, kann dem Schicksal ein neuer Sinn und dem Leben eine andere Wendung gegeben werden – so wie wir es bei Elsa gesehen haben, meiner Klientin, die jung an Krebs verstarb. „Es ist nie zu spät für eine glückliche Kindheit“, pflegte Milton Erickson, der große alte Mann der therapeutischen Trance, zu sagen. Er meinte damit nicht, dass die Vergangenheit verleugnet und geschönt werden solle. Er meinte, dass es gelingen kann, eine neue Sicht darauf zu finden und eine andere Haltung dazu einzunehmen, dass es gelingen kann, die ursprüngliche Wachstums- und Weisheitskraft zu befreien.

Jens Jessens Artikel „Die traurigen Streber“ hatte übrigens einen Folgeartikel in der nächsten Ausgabe der „Zeit“. Darin schreiben zwei junge Menschen eine Antwort. Sie schreiben nicht aus der Perspektive der Hoffungslosigkeit oder der Anpassung. Sie schreiben über sich und andere, die in derselben Welt der Globalisierung und verschärften Konkurrenz, der Standortfragen und der Wettbewerbsfähigkeit leben. Sie aber suchen die Nischen, in denen Handlungsmöglichkeiten liegen, sie engagieren sich schon in jungen Jahren sozial und sie schauen hoffnungsvoll nach vorne. Haben sie vielleicht schon die Weisheit des alten Sinnspruches erworben: Gott gebe mir die Gelassenheit, die Dinge anzunehmen, die ich nicht verändern kann, den Mut, zu ändern, was zu ändern ist und die Weisheit, das eine vom anderen zu unterscheiden?

Wie kann man diese unterschiedlichen Blickwinkel verstehen? Wie kommt es, dass die einen so und die anderen ganz anders auf dieselbe gesellschaftliche Wirklichkeit reagieren? Könnte es mit jeweils anderen Vorbildern zu tun haben, mit der vorgelebten Orientierung? Und zeigt das dann nicht, dass wir ganz dringlich über die Bilder nachdenken sollten, die wir den Jüngeren vorleben? *Sage mir, was hast du vor mit deinem einen, wilden, kostbaren Leben*?

Wir wollen, dass das Leben einen Sinn hat – so oder ähnlich hat es Hermann Hesse einmal gesagt –, aber es hat nur genau so viel Sinn, wie wir selber ihm zu geben imstande sind. Dem Leben einen Sinn zu geben, den Sinn aufzufinden, der ihm innewohnt, das ist ein Meilenstein auf dem Weisheitsweg: Denn erst der tiefere Sinn, den wir in unserem eigenen Leben erkennen können, lässt alles, was uns zugestoßen ist und was wir daraus gemacht haben, zu einem Ganzen werden. Aus solcher Lebenserfahrung kann die Einsicht erwachsen, die erforderlich ist, um andere Menschen in deren Lebensthemen und Lebenskämpfen weise zu begleiten und zu unterstützen. Lebenseinsicht, die anderen Menschen, die jenen, die nach uns kommen, zugute kommen könnte. Welchen Sinn wollen wir unserem Leben geben, wenn wir älter werden? *Sage mir, was hast du vor mit deinem einen, wilden, kostbaren Leben*?

Simone de Beauvoir schrieb vor fast 40 Jahren: „Der Sinn oder Nicht-Sinn, den das Alter innerhalb einer Gesellschaft hat, stellt diese insgesamt in Frage, denn dadurch enthüllt sich der Sinn oder Nicht-Sinn des ganzen vorhergegangenen Lebens.“ (S. 14)

Die zweite Säule: Menschwerdung und Menschsein

Am Du werden wir erst zum Ich.
Martin Buber

Manchmal frage ich mich, wie weit ich inzwischen wohl gekommen bin mit meinem persönlichen Weisheitsprojekt. Wie alt muss man sein, um weise zu werden? Habe ich das mögliche Weisheitsalter schon erreicht? Die kleine Hexe war ja immerhin schon 127 Jahre alt, als ihr Weisheitsweg seinen Anfang nahm. Für Heiko Ernst (2008), den Chefredakteur der Zeitschrift „Psychologie heute“, findet die entscheidende Weichenstellung für die Weisheitsentwicklung überhaupt erst zwischen dem 45. und 60. Lebensjahr statt. Meine Chancen stehen also gar nicht so schlecht, wenn ich die richtige Richtung einschlage und mich spute!

Harry Potter braucht dafür nicht so lange. Sein Weg ist schon seit frühester Kindheit vorgezeichnet. Nach vielen Abenteuern kommt sein großer Schicksalsmoment, als er 17 Jahre alt ist. Der Moment der inneren Entscheidung, der Weichenstellung: zwischen Selbstschutz und Selbstbezogenheit einerseits und Selbstüberwindung und Selbstüberschreitung andererseits. Erikson hätte bestimmt von einer Identitätskrise gesprochen – ein Begriff, der übrigens seine Schöpfung war. Und Identitätskrisen, das wissen wir, sind unabdingbar für die Weisheitsentwicklung.

Weder Wissen noch Lebensalter oder Lebenserfahrung reichen dazu aus. Die banale und ungeliebte Wahrheit ist: Ohne Krisen keine Weisheit. Es braucht Erschütterungen, die das Leben gehörig durcheinanderwirbeln. Die kleine Hexe wurde durch ihre schmerzliche Erfahrung auf dem Blocksberg aufgerüttelt. Ohne diese hätte sie vielleicht ein ganz durchschnittliches, gemütliches Hexenleben geführt. Und so ist es auch bei Harry Potter. Sein Urtrauma, die erste Begegnung mit Voldemort in früher Kindheit und seine wiederkehrenden gefährlichen Zusammenstöße mit diesem „Magier der dunklen Künste“ bringen ihn ganz schön auf Trab! Es sind die Konfrontationen mit den existentiellen Themen menschlichen Lebens, die uns aus der Gemütlichkeit aufrütteln und uns zwingen, nach neuen Lösungen zu suchen und über uns hinauszuwachsen. Ursula Staudinger benennt die vier großen Themen, die zum Tor der Weisheit führen, als Emotionalität, Sexualität, Verletzlichkeit und Endlichkeit. Sie sind die Grundkonstanten, die uns an unsere Grenzen bringen können – und vielleicht auch über sie hinaus bis zur Weisheit.

Ganz anders als die kleine Hexe haben wir als Erwachsene schon gelernt, unsere Gefühle in feste Bahnen zu lenken: Sie haben sich bereits als Verschaltungsmuster von Nervenzellen im Gehirn materialisiert. Die Gehirnforschung kann uns das heute leicht nachvollziehbar erklären. Damit sich neue Reaktionsmöglichkeiten, eine andere Sicht der Dinge, andere Bewertungsweisen eröffnen und neue Verschaltungen entstehen, müssen die emotionalen Zentren im Gehirn so aktiviert werden, dass es zu einer vermehrten Ausschüttung sogenannter „neuroplastischer Botenstoffe" kommt. Das geschieht in unserem erwachsenen Leben nicht mehr so häufig! Unsere eingefahrenen Gehirnautobahnen lassen dies oft gar nicht zu. Es braucht tiefe Gefühlserschütterungen wie Betroffenheit, Trauer, Wut, Furcht, Schmerz und Kummer oder aber auch Freude, Entzücken, Glück, Begeisterung und Liebe, um uns aus der Bahn zu werfen – außen in unseren Lebensbezügen, auf körperlicher Ebene in unserem Gehirn und auch tief drinnen in der symbolischen Welt unserer Seelenlandschaften.

Krisenerfahrungen allein sind allerdings noch kein Garant dafür, dass die Gefühle sich wandeln und die Weltsicht sich in Richtung Weisheit erweitert. Krisen und traumatisches Erleben können auch in eine ganz andere Richtung führen, wenn ein Mensch damit alleingelassen ist und keine kreative Lösung und Neuausrichtung findet. Traumatisches Erleben kann sogar auf eine Weise in die Psyche eingebaut werden, dass sich eine Art Anti-Lebenskraft herausbildet, „die zwar das Überleben garantiert, aber keinen kreativen

Lebensentwurf zulässt". (Wirtz, S. 7) Solche Anti-Lebenskraft verkörpert sich in Voldemort, der schwer traumatisiert ist, wie wir im Verlauf der Geschichte erfahren. Harrys Trauma hat sich hingegen erstaunlicherweise nicht lebenszerstörend ausgewirkt, obwohl er seine Eltern verlor und bei lieblosen Verwandten aufwuchs. Er hatte von Anfang an einen unzerstörbaren Schutz: die tiefe, aufopferungsbereite Liebe seiner Eltern. So übersteht er in seiner Kindheit alle Anfeindungen, und als sich dann mit seinem Schuleintritt in Hogwarts neue, entwicklungsfördernde Faktoren hinzugesellen, kann es wirklich losgehen.

Die Berliner Weisheitsforscher haben herausgefunden, dass es auf dem Weisheitsweg besonders hilfreich ist, wenn man lebenskluge Berater an seiner Seite hat, einen Abraxas gewissermaßen oder einen Professor Dumbledore, wie der Schulleiter von Hogwarts heißt, der Harrys Entwicklungsweg begleitet und fördert. Die Forscher raten uns deshalb, uns mit Menschen zu umgeben, die selbst schon den Weg der Weisheit gegangen sind, und ihnen abzuschauen, wie sie mit komplizierten und herausfordernden Lebensthemen umgehen. Kluge Berater mit Herzensbildung, die wir an unserer Seite wissen, können in Krisenzeiten das „Zünglein an der Waage" sein, das entscheidet, in welche Richtung die Entwicklungsweiche gestellt wird: hin zum Aufbau von Überlebensstrategien, zu fortschreitender Gefühlsverhärtung und dem Wiederholen der immer gleichen Reaktionsweisen und Handlungsmuster – oder hin zu größerer Lebendigkeit, tieferem Verständnis und einem Anwachsen von Handlungsfreiheit, hin zu einem Mehr an Lebensintensität und an Menschlichkeit.

Am Du werden wir erst zum Ich. Es braucht ein persönliches, erkennbares Du, an dem ein Kind sich erfahren kann, in dessen Augen es sich gespiegelt sieht, in dessen Mimik es sich erkennen und formen und an dessen Worten und Taten es sich orientieren kann. Es braucht ein Gegenüber, von dem es sich beantwortet fühlt, von dem es sich gerufen und gemeint erfährt und gegen das es sich später abgrenzen kann, um sein Eigenes zu finden. Nur so kann sich ein gesundes, widerstandsfähiges Selbstgefühl aufbauen, das nicht nur seine Standfestigkeit in den Stürmen des Lebens beweisen, sondern auch seine Wachstumskraft bis ins Alter hinein bewahren und sogar noch weiter ausbauen kann. *Am Du werden wir erst zum Ich:* Das gilt nicht nur in der Kindheit. Das gilt ein Leben lang. Wir sind psychisch gesehen keine „geschlossenen Systeme", sondern es findet ein stetiger und lebendiger Austausch statt. *Am Du werden wir erst zum Ich:* Wie tief das sogar bis ins Körperliche hineinreicht, hat die Gehirnforschung in jüngerer Zeit nachweisen können: Lernen braucht Beziehung. Lernen geschieht vor allem durch Nachahmung. Lernen braucht ein Gegenüber.

Durch Zufall entdeckte der italienische Professor für Neurophysiologie Vittorio Gallese die Spiegelneuronen im Gehirn. Sie sind das Instrument, das uns erlaubt, nicht nur Mimik, Gestik und Bewegung eines Menschen nachzuahmen, sondern sogar seine Gefühle und Empfindungen, seine Wünsche und Absichten zu „lesen". Dass wir mit anderen mitschwingen und uns in sie einfühlen können, scheint auf dieser physiologischen Grundlage zu basieren. Allerdings sind die Spiegelneuronen nicht einfach nur da. Sie müssen geweckt, ausgebaut und geschult werden. Wer als Baby schon häufig Mienen-Spielereien und Augen-Gespräche mit anderen Menschen genießen durfte, konnte seine Spiegelneuronen gut entwickeln. Wer später viel mit anderen Menschen „übt", kann es im Unterrichtsfach „inneres Nachbilden" weit bringen. Neue Forschungen haben sogar herausgefunden, dass der menschliche Kehlkopf im Zuhören die Laute, die Worte formt, die das Ohr aufnimmt. Auch darüber kann eine andere Person im Inneren nachgebildet und so deren Äußerungen verinnerlicht und zueigen gemacht werden. Auf diese Weise lernen wir von anderen Menschen und bauen allmählich die inneren Strukturen auf, die unser Empfinden, Fühlen, Denken und Handeln formen und leiten. Im Austausch, am Du, im Gegenübersein mit anderen entwickelt sich unser sozial ausgerichtetes, kooperatives Gehirn.

Wir können also ein unbewusstes vorsprachliches Wissen – ein Wissen, das sich oft gar nicht benennen lässt – auf unmittelbare Weise aufnehmen und ganzheitlich lernen, sozusagen „am Stück". „Ein Kind, das eine sichere Bindungsbeziehung entwickelt hat, übernimmt all das, was diese Bindungsperson selbst an Kompetenzen, Fähigkeiten und Haltungen überliefert hat." (Hüther 2004, S. 73) Ich zum Beispiel habe dadurch kochen gelernt, dass ich als Kind eine starke Identifikation mit meiner Mutter hatte, die eine ausgezeichnete Köchin ist. Ich kann mich nicht daran erinnern, dass sie mir das Kochen beigebracht hätte, nicht einmal daran, dass wir oft miteinander gekocht hätten. Meine Mutter war eine vielbeschäftigte Geschäftsfrau, fürs Kochen waren die jungen Frauen zuständig, die bei uns ihr Haushaltsjahr machten. Natürlich habe ich später dazugelernt, habe Rezepte gelesen und ihre Umsetzung erprobt, aber ich koche trotzdem bis heute „aus dem Handgelenk", aus einem unbewussten Wissen heraus, „wie es geht".

Die Fähigkeit zur Identifikation, die Fähigkeit, sich ein inneres Bild – eine Repräsentanz, wie es in der Fachsprache heißt – zu erschaffen und dieses Bild im eigenen Leben zu verwirklichen, es zu verkörpern, ist ein machtvolles Instrument der Weitergabe von „Kompetenzen, Fähigkeiten und

Haltungen", ein mächtiges Instrument der Weitergabe von Kultur. Das hat zwei Seiten: Auf diese Weise können wir einerseits „am Stück lernen, wie es geht". Aber andererseits haben wir auch unsere Weltsicht, unser Selbstbild und unsere Glaubenshaltungen „am Stück" übernommen. Sie leben und wirken als unbewusste und lange Zeit oft unbenennbare, Gefühls-, Denk- und Handlungsmuster in uns. Deshalb ist es sehr bedeutsam, welche „Weisheitslehrer" wir haben, angefangen bei unseren Eltern, über unser größeres Umfeld, die Schule und so weiter. Als Kinder sind wir in unser Umfeld hineingestellt. Je älter wir werden, desto mehr haben wir selbst die Wahl, was und von wem wir lernen wollen. Hoffentlich wählen wir unsere Weisheitslehrer sorgsam und hinterfragen sie kritisch, denn selbst als Ältere lernen wir manches immer noch „am Stück".

Bei der Weisheitsentwicklung geht es nicht nur darum, dass unserer Intelligenz auf die Sprünge geholfen werden soll. Denn Weisheit lässt sich nicht auf den Intelligenzquotienten reduzieren.

Natürlich muss man, um grundlegende menschliche Fragen im Kern zu durchdringen, eine gewisse Denkfähigkeit besitzen, wie Ursula Staudinger betont. Intelligenz im Übermaß ist jedoch nicht nötig – auch das ein Ergebnis der Berliner Forschungen. Deshalb ist es ja möglich, gerade dann auf dem Weisheitspfad weiterzuschreiten, wenn viele kognitive Fähigkeiten mit denen Jüngerer nicht mehr mithalten können. Weisheit hat vielmehr mit emotionaler Intelligenz zu tun, die mit zunehmendem Alter an Stärke und Differenzierung gewinnen kann. Zum Beispiel berichten aktiv im Leben stehende Menschen ab dem sechsten Lebensjahrzehnt davon, dass sie weniger Versagensängste und innere Zwänge verspüren als früher, während sie mehr Mut, Selbstvertrauen und Risikobereitschaft erworben haben. (Vgl. Csikszentmihalyi 1997)

Zur emotionalen Intelligenz gehören Fähigkeiten wie jene, sich selbst steuern zu können – also beispielsweise in der Lage zu sein, seine Impulse zu zügeln, und auch, seine Gefühle zu dosieren, sie zu verstehen, in Zusammenhänge einzuordnen und sie auf angemessene Weise und authentisch auszudrücken. Emotionale Intelligenz kann kreativ und konstruktiv mit Gefühlen umgehen. Außerdem kann sie Strategien finden, durch die emotionale Konflikte gelöst, in ihren negativen Auswirkungen gedämpft oder von vorneherein vermieden werden können. Wer seinen „EQ" gut entwickelt hat, kann die inneren Gefühle eines anderen nicht nur nachempfinden, sondern auch deuten und verstehen. All dies ist nötig, um gut mit sich selbst und auch mit seinen Beziehungen zu anderen umgehen und sie gestalten zu können.

Fortgeschrittene im Schulfach „emotionale Intelligenz" besitzen auch die seltene Fähigkeit, „gegen die rechte Person, im rechten Maß, zur rechten Zeit, für den rechten Zweck und auf rechte Weise zornig zu sein". (Aristoteles, zit. n. Goleman, S. 13) Sie haben sogar die tief im Reptiliengehirn beheimatete, biologisch gesteuerte, den Triebkräften zugerechnete Aggressionskraft an die Selbststeuerung, an ihr Ich anschließen und auf diese Weise wandeln können. Umgekehrt – und genauso anspruchsvoll – können Fortgeschrittene in „emotionaler Intelligenz" in der Zaubererwelt Harry Potters einen „Patronus" hervorbringen, der zu Hilfe gerufen werden kann – ein geistiges Wesen, eine Lichtgestalt. Ein solcher Patronus wird erschaffen, indem man sich im Augenblick höchster Not und tiefster Verzweiflung mit „aller Kraft auf eine einzige, sehr glückliche Erinnerung" konzentriert. Wem es gelingt, seine gute, lebensspendende Erinnerung ganz lebendig bei sich zu behalten, der kann von den Kräften der Verzweiflung und der Resignation nicht überwältigt werden.

Ein eindrucksvolles Beispiel dafür ist für mich Etty Hillesum, eine junge jüdische Frau, die in ihren von 1941 bis 1943 geführten Tagebüchern die Begegnung mit ihrem jüdischen Universitätsprofessor beschreibt: Er wirkt abwesend, „irgendwie gebrochen und doch zutiefst gütig", notiert Etty in ihr Tagebuch. „Seine Leidenschaftlichkeit, seine Strenge waren wie ausgelöscht." Am folgenden Tag erfährt sie, dass er sich erschossen hat. „Aber die Welt geht weiter", schreibt sie, „und ich gehe vorläufig noch mit, guten Mutes und guten Willens." (S. 32f.) Sie kann offensichtlich ihren Patronus aufrufen, der ihre innere Welt vor destruktiven Kräften schützt. Ihre liebevolle Bezogenheit, ihr brennendes Interesse, ihre wache Neugier und ihre unerschütterliche Zuwendungskraft lassen einen kraftvollen Patronus entstehen. Sie beschreibt, wie sie in Zeiten großer Bedrängnis „in sich hineinzuhorchen" vermag: „Es gibt Augenblicke, in denen ich glaube, resignieren oder aufgeben zu müssen, aber immer wieder siegt das Gefühl der Verantwortung, das Leben in mir wirklich lebendig zu erhalten." (S. 158) In „Gewissheit, dass man unsere Vernichtung will" (S. 124), gelingt es ihr, noch im Konzentrationslager „das denkende Herz" der Baracke zu bleiben, ein lebendiger, warmherziger, mitfühlender Mensch, der das Lebensfeuer sorgsam am Brennen erhält.

In der Welt der Gefühle und Leidenschaften „besteht eine große Entfernung, ein großer ‚Höhenunterschied' zwischen dem Bereich der blinden Leidenschaften und dem der erhabenen Gefühle". (Assagioli 2008, S. 93) Etty Hillesum hat hohe Meisterschaft darin erlangt. Sie braucht keine Zauberkraft, um ihre inneren Schutzkräfte aufzurufen. Bis zu solchen Höhen emotionaler Brillanz ist es ein weiter Weg. Die Fähigkeit zum

Fühlen und zum Mitfühlen steht uns allen zur Verfügung als unser Instrument – aber wie wir darauf spielen können, das liegt an uns selbst, an unserer Beziehungs-Begabung und an unseren Beziehungswünschen, an unserer Motivation, an unserer Treue zum Üben und an unserer Vision: *Sage mir, was hast du vor …?* Die Fähigkeit zur Einfühlung und zum Mitschwingen ist uns gegeben. Was machen wir damit? Wie nutzen wir sie? Wozu nutzen wir sie? Auch Voldemort kann sich in andere einschleichen, um sie seinen Zwecken nutzbar zu machen und seinen Zielen zu unterwerfen. Er nutzt seine Einfühlungsfähigkeit, um zu manipulieren, auszubeuten und zu zerstören. Er nutzt seine Kräfte, um „das Leben zu zerstückeln", wie Erich Fromm sagt. Etty Hillesum dagegen will das Leben in sich lebendig erhalten und weitertragen.

Die Ausbildung einer eigenen reichen und differenzierten Gefühlswelt und das Sich-einfühlen-Können in andere hängen eng miteinander zusammen. Aus der Säuglingsforschung wissen wir, dass sich die Gefühlswelt des Kindes über die Einfühlungsfähigkeit und die feinfühlige Abstimmungsfähigkeit der Mutter und anderer wichtiger Beziehungspersonen aufbaut. In Forschungsprotokollen ist dokumentiert, mit welcher Kreativität einfühlsame Mütter ihre Kinder „spiegeln". Dieser Begriff hat lange Zeit die Vorstellung genährt, dies wäre nur ein Wiedergeben – eben wie ein Spiegel, das die inneren Welt der Kinder zum Wachstum anregt. Der Psychiater und Säuglingsforscher Daniel Stern (1992) beschreibt, welch subtiles schöpferisches Wirken hier eigentlich geschieht: Denn dieses „Spiegeln" ist ein aktiver, individueller Gestaltungsakt der Mutter; sie modifiziert dabei spielerisch ihre Nachahmung. Indem sie ihre Reaktion in Energiestärke und Bedeutungsinhalt an das Kind anpasst, zeigt sie, dass sie sein Erleben und Fühlen verstanden hat. Indem sie aber eine abgewandelte

Ausdruckform zurückgibt, eine kreative Antwort findet, öffnet sie einen schöpferischen Raum, in den neue Erlebens- und Ausdrucksweisen einfließen, miteinander geteilt und weiter gestaltet werden können. Während zum Beispiel ein neun Monate alter Junge seine Rassel auf und ab schwenkt und dabei Interesse und Belustigung zu erkennen gibt, beginnt die Mutter, die ihm zusieht, mit dem Kopf zu nicken, synchron im Takt mit der Armbewegung des Kindes. Auf diese Weise wird ein Raum gemeinsamen Erlebens und miteinander Fühlens, ein Raum gemeinsamer Bedeutungserschaffung hergestellt, in dem das Kind seine emotionale Welt, seine emotionale Intelligenz entfalten kann. *Am Du werden wir erst zum Ich.*

Wir sehen also, dass das Spiegeln einerseits auf Nachahmung beruht, aber gleichzeitig doch auch viel mehr ist als das. Das kreative mütterliche Spiegeln ist ein Gestalten und Ausformen und auch eine Weise der Kommunikation, die Mutter eröffnet einen Dialog: „Kreativität", schrieb Erich Fromm, „ist die Fähigkeit, zu sehen – oder bewusst wahrzunehmen – und zu *antworten*." (Gesamtausgabe IX, S. 399) Die Fähigkeit, wirklich zu sehen und darauf zu antworten, erschafft Wachstumsraum.

Wachstumsraum, wie Martin Buber ihn meint, wenn er sagt: *Am Du werden wir erst zum Ich.* Die einfühlsame Mutter in unserem Beispiel nimmt das Kind „von innen her" wahr, sie sieht die Welt aus seiner Perspektive. Ihr verstehender Zugang zum inneren Erleben des Kindes gibt diesem einen sicheren Rahmen, Zustimmung und Bedeutung, so dass das „Tohuwabohu", das Chaos des inneren Erlebens Sinn bekommt und „menschlich" wird. Ein Raum von Verbundenheit in Freiheit entsteht, in dem die Entwicklung sich entfalten kann. Das Kind lernt so „am Stück" eine einfühlsame Verbindung zu sich selbst und auch zu anderen aufzunehmen, es erlebt und erkundet die Welt der Gefühle, es erlebt und erkundet die Welt miteinander geteilter Bedeutungen, eines gemeinsam erschaffenen Sinns. Auf diese Weise kann es die Basis für Selbstgefühl und Mitgefühl entwickeln, sein zutiefst menschliches Potenzial.

In der frühen Kindheit schon wird die Grundlage für die emotionale Intelligenz gelegt, deren weiteres Wachstum später in die eigene Verantwortung übernommen werden muss. Ursula Staudinger sieht eine wichtige Weichenstellung für die Weisheitsentwicklung im Jugendalter. Heiko Ernst benennt eine andere, eine zweite Weichenstellung, die sich zwischen 45 und 60 Jahren anbahnt. Warum gerade hier?

In Eriksons Lebensphasen-Modell ist dies das Alter, in dem die Zentrierung um die persönlichen Bedürfnisse und Interessen sich auflösen muss in eine größere Ausrichtung auf das, was Zuwendung braucht, Ausrichtung auf das, „was nach uns kommt“. Die Fähigkeit, die hier erworben werden muss, hat Erikson „Generativität“ genannt. Sie geht über die biologische Fortpflanzungsfähigkeit weit hinaus. Generativität ist für Heiko Ernst die „erwachsene“ Form, seine Beziehungen zu anderen, vor allem zu Jüngeren, zu gestalten. Heiko Ernst sagt sogar, diese Stufe sei „das teleologische Zentrum der menschlichen Entwicklung“, behauptet also, das ganze Leben sei einzig darauf ausgerichtet: „Alles davor dient der Ausbildung der psychischen Fähigkeiten, die uns generativ sein lassen.“ (S. 143) In der Lebensphase der Generativität geht es um das Weitergeben, sie ist der Dreh- und Angelpunkt für das Fortbestehen, für die Kontinuität unserer menschlichen Kultur. „Generativität muss immer wieder neu geweckt und immer wieder neu von Generation zu Generation durch Vorbild und Erziehung im Wertesystem der Heranwachsenden verankert werden“. (S. 57f.)

Zwischen 45 und 60 sind wir an einer wichtigen Verbindungsstelle angekommen, einer Art Kupplung, einem Zwischenglied zwischen Jung und Alt, eine Kupplung, die die Vergangenheit mit der Zukunft verknüpft, damit „das Leben weitergeht". Das „Gewebe aus Sinn", wie der US-Anthropologe Clifford Geertz die Kultur poetisch nennt, darf ja nicht abreißen, sondern muss immer weiter fortgesponnen werden. So wie die biologische Vererbung sichern soll, dass die Art weiter existiert – und es kein Artensterben gibt! –, sichert die kulturelle Vererbung über die bewusste Weitergabe von symbolischem Wissen, von erworbenen Kräften und Fähigkeiten das Weiterleben der menschlichen Art, damit die mühsam Generation für Generation weiter gestaltete und ausdifferenzierte Menschlichkeit nicht ausstirbt. Die kulturelle Vererbung, dieses Gewebe aus Sinn, ist die über Jahrtausende gewachsene Genetik unseres Menschseins. Sie trägt unsere Menschlichkeit durch Vorbild und Erziehung weiter, bindet uns als Individuen in eine Gemeinschaft ein und sichert uns zu, dass es ein menschliches „nach uns" geben wird.

Unser gegenwärtiges Leben, unser Zukunftsbild und alle unsere Entwicklungsmöglichkeiten werden von diesem Weitergeben getragen, das Erikson in die mittlere Lebenspanne stellt: Unsere menschliche Kultur muss einerseits vermittelt und weitergegeben und andererseits erlebt und erlernt werden. In heutigen Zeiten gesellschaftlicher Zersplitterung geschieht dies nicht mehr so selbstverständlich, wie das einmal war. Deshalb schreibt Heiko Ernst mit seinem Buch ein flammendes Plädoyer: „Weitergeben! Anstiftung zum generativen Leben."

Die Spanne zwischen 45 und 60 ist das Alter „zwischen". Ich selbst befinde mich in dieser Phase und mache seit einigen Jahren die Erfahrung, dass nicht mehr nur Gleichaltrige oder Ältere zu mir zu Psychosynthese-Sitzungen und auch in

Seminare kommen, sondern auch die nächste Generation, junge Leute, die meine Kinder sein könnten. Was suchen diese jungen Menschen bei mir? Kommen sie wegen der Methode, die ich anbiete, oder kommen sie, weil ich ihnen sympathisch oder vertrauenerweckend erscheine, oder kommen sie, weil sie an dem, was mir bisher einzusammeln gelungen ist an Lebenserfahrung und an emotionaler Intelligenz, teilhaben wollen?

Wie auch immer – es spornt mich an! Es gibt mir eine neue Aufgabe. *Am Du werden wir erst zum Ich:* Das gilt ja für beide Seiten! Die jungen Menschen, die zu mir kommen, machen mich zu etwas, das ich bisher nicht war: Sie fordern mich dazu auf, ihnen dabei zu helfen, herauszufinden, wie sie ihr Leben meistern, wie sie den Problemen begegnen können, die sie haben und wie sie neue, wachstumsfördernde und zukunftsfähige Lösungen finden können. Sie fordern mich dazu auf, meinen Entwicklungsweg weiterzugehen, so dass ich ihnen das Gegenüber sein kann, das sie brauchen. Lernen braucht Beziehung. Lernen braucht ein Gegenüber. Die jungen Leute sind mein Gegenüber zur Entwicklung meiner persönlichen Generativität. Die Beziehung von Berater und Klient, die Beziehung von einer Person und ihrer Mentorin schafft, wenn sie sorgsam gestaltet und richtig verstanden wird, ein ganz besonderes Wachstumsklima für beide Seiten – sozusagen ein Gewächshausklima, in dem die zarten Pflänzchen menschlicher Entwicklungskeime gedeihen können, bis sie ausreichend Kraft gewonnen haben, um ins Freiland des Lebensalltags ausgepflanzt zu werden.

In der Lebensspanne zwischen 45 und 60 kann die Entwicklung nur weitergehen, wenn die generative Aufgabe angenommen, wenn die Verantwortung für die, „die nach uns kommen“, ergriffen wird. Alles andere führt jetzt in die Stagnation. Zur Weisheit geht es ausschließlich durch diese Gasse. Es gilt, in eine andere Art von Elternschaft einzutreten.

Das ist vielleicht gerade für meine Generation, die nie so sein wollte wie die Eltern, wie die Lehrer, wie die Generation davor, ganz besonders schwierig. Nach dem Zweiten Weltkrieg gab es einen tiefen Bruch in der Generationenfolge. Tat sich die „Generation der Alterslosen“ bereits mit der Übernahme der Verantwortung für die eigenen Kinder nicht leicht, wächst sie nun auch nicht mehr selbstverständlich in diese größere Elternschaft hinein. Aber wir sind nicht mehr die, vor denen unsere Eltern uns gewarnt haben. Jetzt sind wir die Eltern, Lehrer und Berater. Jetzt sind wir die Kupplung zwischen Jung und Alt, jetzt liegt es an uns, Vergangenheit und Zukunft so zu verknüpfen, dass das Leben weitergeht.

Wir werden in der Rolle als Weiterträger von Kultur dringend gebraucht: Michael Winterhoff, Kinder- und Jugendpsychiater und Psychotherapeut schreibt in seinem Buch „Die Abschaffung der Kindheit“ (2008), dass die Kinder in erschreckendem Ausmaß allein gelassen werden. „Die Zunahme besorgniserregender Fälle ist so signifikant, dass sich in den kommenden Jahren die Auswirkungen in unserem gesellschaftlichen Zusammenleben in erheblichem Maße zeigen werden.“ (S. 45) Die Mittelschicht-Kinder, die er behandelt, werden nicht eigentlich vernachlässigt wie viele Kinder aus anderen Schichten. Sie werden in einem falschen Verständnis von Freiheit und Selbstständigkeit wie kleine Erwachsene behandelt. So werden sie besonders in ihrer emotionalen Entwicklung allein gelassen, sie erhalten keine Antwort, es entsteht kein entwicklungsfördernder, kein entwicklungsfordernder Dialog: Es ist kein Gewächshaus für Wachstum da!

Kinder brauchen anwesende Eltern, Personen, die auf solch aufmerksame Weise bei ihnen sind wie die Mutter bei ihrem Kind mit der Rassel. Junge Menschen brauchen Leitbilder, an denen sie sich orientieren und mit denen sie sich auseinandersetzen können, Menschen zum Anfassen:

In einem Interview anlässlich des Erscheinens seines Buches „Grau ist bunt – was im Alter möglich ist“ spricht der 67-jährige ehemalige Bremer Bürgermeister Henning Scherf von einer neuen Chance: „Dass wir nämlich im Schnitt 30 Jahre Leben vor uns noch haben, diese 30 Jahre Leben in wunderbaren Bedingungen, weil wir nämlich eine Rente haben, die uns ernährt, weil wir plötzlich Zeit haben, weil wir noch fit sind, weil wir uns noch interessieren können, einmischen können, weil wir uns noch beteiligen können, ohne immer zu fragen: Kriege ich da auch das richtige Gehalt dafür? Wir sind wirklich die klassische ehrenamtliche Basis dieser Gesellschaft, und diese Chance, ich finde, die muss man ausbreiten, die muss man seinen Gleichaltrigen und auch Älteren sagen, und sagen, wir sind nicht das Problem dieser Republik, sondern wir sind die Chance dieser Republik, mit uns kann man eine Zivilgesellschaft entwickeln, die sich viele erträumen, die aber im Alltagskampf um ihr täglich Brot gar keine Zeit dafür haben. Wir haben die Zeit, und wir bieten uns dafür an.“ (www.dradio.de/dkultur/sendungen/kulturinterview/546650/)

Warum betrachten wir das Alter nicht als eine neue Entwicklungsphase im menschlichen Leben – nicht Verlust der Jugendlichkeit, sondern eine Entwicklung mit offenem Ende und eigenen Gesetzen, die wir vielleicht auf noch nie dagewesene Weise selbst bestimmen können, schrieb Betty Friedan in „Mythos Alter“, und Henning Scherf äußert sich ganz ähnlich. Aber die Chance braucht Vorbereitung, damit sie sich im Alter wirklich eröffnen kann. Die Straße der Generativität muss rechtzeitig begangen werden: Henning Scherf hat nicht erst nach der Pensionierung damit angefangen, er hat sich schon lange „gekümmert“ – als Kaffeepflücker in Nicaragua, als Friedensdemonstrant und 30 Jahre lang in der aktiven Politik.

Stefan geht auf seinen 60. Geburtstag zu. Sein Leben lang war er ein Rebell, beruflich ging er ganz eigene Wege und privat war er ein Suchender, der viele Abenteuer gekostet und viele Beziehungen erprobt hat. Die Ehe, die er dann der Kinder wegen einging, wurde nach einigen Jahren wieder geschieden. Stefan liebte seine Kinder, so dass er einen Weg finden konnte, seine väterlichen Aufgaben zu ergreifen, auch wenn er im Grunde kein Bild dafür hatte, wie das aus der rebellischen Gegenbewegung, in der er gefangen war, möglich werden konnte. Er suchte mich auf, um Unterstützung und therapeutische Begleitung zu erhalten für seinen Weg in eine Form des Erwachsenwerdens, die für ihn lebbar wäre. Auf unserem langjährigen Weg gab es intensive Phasen der therapeutischen Arbeit und auch lange Zeiten, in denen Stefan nicht zu mir kam. Seit er auf die 60 zugeht, gibt es wieder einiges zu klären. Wie für viele andere dieser Generation hat auch Stefan Probleme mit dem Älterwerden, das er so gar nicht mit sich selbst in Verbindung bringen kann. Spätestens in dieser Lebensphase wird es aber unabdingbar wichtig, aus der bisherigen Gegenbewegung herauszufinden. Die Illusion des Jungseins, des Andersseins kann nicht mehr aufrechterhalten werden. Die Rolle des Rebellen führt nicht mehr weiter. Da kam Stefan eine spannende Entwicklung zu Hilfe. In seinem Betrieb wurden neue Ausbildungsplätze für Praktikanten und Lehrlinge aufgebaut und Ferienjobmöglichkeiten für Studenten eingerichtet. Zunächst war Stefan darüber nicht sonderlich begeistert. Immer schon war es ihm lästig gewesen, neue Mitarbeiter einzuarbeiten, herausfinden zu müssen, was sie können und was sie dazulernen müssen und die Arbeitsabläufe auf deren

Tempo und Kompetenzen abzustimmen, bis sie ihre Arbeitsabläufe effektiv beherrschen. Stefan ist einer, bei dem die Dinge funktionieren müssen. Die jungen Leute, die Stefan jetzt einlernen musste, die an seinem Wissen, seinen Kompetenzen und Erfahrungen teilhaben und von ihm lernen wollten, holten dann aber eine ganz neue Einstellung und neue Fähigkeiten aus ihm heraus. Es begann, ihm Freude zu machen, den jungen Menschen, die ihn respektierten und auch bewunderten, etwas beizubringen: *Am Du werden wir erst zum Ich!* Sie forderten seine Generativität heraus und Stefan konnte darauf antworten. Und genau wie Henning Scherf hat auch Stefan, der immer gegen den Strom geschwommen ist, individuelle Lebenserfahrung und ungewöhnliches Wissen weiterzugeben.

Die Generativität ist in Eriksons Sicht die Chance, die eigene Vergangenheit zu überwinden, mit der in dieser Lebensphase noch einmal eine intensive Auseinandersetzung ansteht. Denn es geht jetzt darum, entweder das Erbe anzunehmen und in die Fußstapfen der Eltern zu treten, oder aber das Eigene, das aus der aktiven Verarbeitung des Kindheitsschicksals gewonnen wurde, in den kulturellen Strom gesellschaftlicher Weitergabe einzubringen. Und letztlich ist dies nie ein Entweder – Oder, sondern immer ein Sowohl – Als auch. Der kulturelle Strom kann ohne stetige Erneuerung und Anreicherung gar nicht weiterfließen. Er braucht die Weisheitsschätze derer, die den steinigen Weg gegangen und gegen den Strom geschwommen sind.

Im Ergreifen der Generativität eröffnete Stefan sich einen Durchgang aus der Stagnation in weitere Entwicklung hinein: Eine Entwicklung, in der gerade die Gegenbewegung zur Hinbewegung werden kann – nicht als passive Anpassung, sondern als aktive Zuwendung zu dem, was ist. Eine

Entwicklung hin zu einer Akzeptanz der Lebensbewegung und zur Annahme des eigenen Standortes und der eigenen Aufgabe darin. Dort ist Stefan allerdings noch nicht angekommen. Er ist noch mittendrin. Aber er hat sich vielleicht einen Weg in die Zukunft gebahnt, von der Henning Scherf spricht: „Ich kenne nur Leute, die sich freuen auf generationsübergreifende Arbeit und Altersarbeit, die sich freuen auf die Enkelkindergeneration, selbst wenn sie gar keine eigenen Kinder und Enkelkinder haben, freuen die sich auf die, die andere haben, und sind lustvoll bereit, mit anzupacken, mitzutun, ihre Lebenserfahrung weiterzugeben."

Stefans Problem ist sein Mangel an Vorbildern. Wie viele andere aus dieser Generation hat er früh resigniert. Die Erwachsenen seiner Kindheitswelt boten keine guten Identifikationsmöglichkeiten, die ihn gestärkt und geführt hätten. Darin liegt weniger Freiheitschance als Not: Die Zukunftsbilder müssen selbst gefunden und neu erschaffen werden, wenn man nicht zukunftslos bleiben will – was ein anderer Begriff für alterslos ist.

Denn wie gesagt – es ist nie zu spät für eine glückliche Kindheit! In jeder Vergangenheit gibt es auch Gutes, das unter Enttäuschung, Anklage und Wut verschüttet wurde und gehoben werden kann. Die Begegnung mit den jungen Auszubildenden hat in Stefan etwas angestoßen, gute Erfahrungen seiner eigenen Geschichte freigelegt und die Sehnsuchtskräfte seines Jungseins neu belebt, so dass er jetzt geben kann, was er selbst zu wenig bekommen hat, als er es gebraucht hätte.

Wenn von Anfang an gute Bilder fürs Älterwerden da sind, gelingt es leichter, das Leben mit Sinn zu erfüllen und hoffnungsvoll vorwärts zu gehen. Obwohl Harry Potter bei Verwandten aufwuchs, die ihn hassten und vernachlässigten, sind seine Eltern doch gewissermaßen immer bei ihm, winken ihm lächelnd aus den Fotos heraus zu, erscheinen ihm im Traum und kommen ihm im Augenblick der Gefahr als innere Bilder zu Hilfe. Und dann ist da noch Professor Dumbledore, dessen Vorbild Harry mehr und mehr verinnerlichen kann. Sogar der Gesang des Phönix – Professor Dumbledores magischer Vogel –, ruft die innere Repräsentanz des weisen alten Mannes in Harry auf. Diese Musik bedeutet „reine Hoffnung" für ihn, sie ist nicht nur um ihn her, sondern auch in seinem Inneren. Ihr Klang verbindet Harry mit Dumbledore, so dass er ihn zu sich sprechen hört und weiß, was zu tun ist. Solche Repräsentanzen nennt Daniel Stern (1992) „evozierte", also innerlich hervorgerufene Gefährten, die viel mehr sind als nur eine Erinnerung. Sie rufen das in der Psyche gespeicherte Muster der früheren Begegnungen mit dem betreffenden Menschen auf und aktivieren auf diese Weise die stärkende, unterstützende und hilfreiche Beziehungserfahrung. Das ruft die eigenen Kräfte hervor, so dass sie sich bewähren und „groß werden" können: Zukunft wird möglich. Dass es immer wieder der Phönix ist, der Harry in der Not zu Hilfe kommt, hat tiefe Bedeutung: Es verweist darauf, dass eine Lösung nur durch Wandlung und Transformation gefunden werden kann. Der Feuervogel ist das Fabeltier, das sich ins Feuer stürzt und darin stirbt, um aus seiner eigenen Asche neu zu erstehen.

Welche Kraft „evozierte Gefährten" besitzen, lässt sich aus der Berliner Weisheitsstudie ersehen: Dass die Probanden bessere Punktzahlen erzielten, wenn sie sich vor der Beantwortung der Themen mit jemandem beraten konnten, war keine große Überraschung. Erstaunlich war hingegen, dass die gleiche Wirkung erzielt wurde, wenn die Beratung lediglich im inneren Dialog stattfand, in der Vorstellung.

Ob äußerer oder innerer Berater – auf das Dialogische kommt es an! Das ist es, was weise Lösungsmöglichkeiten aufruft und kreative Antworten finden lässt. Die Anwesenheit, das Einfühlungsvermögen und die feinfühlige Abstimmungsfähigkeit eines Gegenübers erschafft den Raum „dazwischen“, aus dem das Neue erwächst: die Öffnung, die Antwort, die Lösung, die weiterführt.

Generativität bedeutet also nicht, die Jüngeren mit den Schätzen unserer Weisheit zu überschütten, wie Maria Montessori es ausgedrückt hat, denn „das Kind bringt aktiv aus sich heraus den Menschen hervor und erfüllt diese Aufgabe mit Freude, wenn der ihm nahestehende Erwachsene es nicht daran hindert“. (Assagioli 1982, S. 107) Das dialogische Prinzip beruht auf einer angemessenen Distanz zu und einem radikalen Respekt vor dem anderen. Die Mutter im oben beschriebenen Beispiel nimmt dem Kind nicht die Rassel aus der Hand, um ihm ihren eigenen Takt aufzudrängen, noch lässt sie es damit allein. Sie begleitet, bestätigt und ermutigt das Kind in seiner eigenen, spielerischen Erkundung der Wirklichkeit, die seine innere, eingeborene Weisheit aufruft und lebendig erhält.

Begleitung, Bestätigung und Ermutigung: Am Ende des ersten Potter-Bandes begreift Harry im Gespräch mit Ron und Hermine, dass Professor Dumbledore ihnen „gerade genug“ beigebracht hat, um sie beim Kampf um den Stein der Weisen zu unterstützen. Er hat ihnen die Chance gegeben, ihre Kräfte selbst zu entwickeln und sie dabei aus guter Distanz behütet, begleitet und dann eingegriffen, wenn es nötig war. So hat er ein Gewächshaus für Wachstum gebaut: *Am Du werden wir erst zum Ich.*

Die dritte Säule: Wie alles sich zum Ganzen webt

Erzähl mir
deine Träume
Ich möchte sie deuten
dir sagen
wie tief du vergangen bist
im Weltraum
wie sich auftun wird
deine Zukunft
an der alle Sterne
teilhaben
Verbundenheit
dies herzliche Geheimnis
Rose Ausländer*

Das dialogische Prinzip ist weder sehr bekannt noch allzu verbreitet. Wirkliches Gegenübersein, Bezogenheit, respektvolles Miteinander, Zuhören und *herzliche Verbundenheit* sind eher Mangelware. Nicht nur die Kinder und Jugendlichen werden allein gelassen – vor dem Fernseher, am Computer, in veralteten Schulsystemen und mit fehlenden Ausbildungsplätzen. Auch auf andere, innerlichere Weise ist das Alleinlassen in unserer Welt gang und gäbe.

Kennen Sie das? Sie sind unterwegs und auf einmal kommt Ihnen in den Sinn, dass Sie nicht mehr wissen, ob sie die Tür abgeschlossen haben, den Herd abgestellt oder das Licht gelöscht haben? Oder beim Autofahren fehlt Ihnen plötzlich ein

---

* Rose Ausländer, Erzähl mir. Aus: dies., Wieder ein Tag aus Glut und Wind. Gedichte 1980–1982, © S. Fischer Verlag GmbH, Frankfurt am Main 1986.

ganzes Stück der Strecke, die Sie zurückgelegt haben, Sie können sich nicht mehr an die Bilder der Landschaft erinnern, weil sie in Gedanken versunken, in *Träume* abgetaucht und gar nicht wirklich anwesend waren? Mir passiert das immer einmal wieder. *Tief vergangen im Weltraum.* Keiner da. Niemand zu Hause.

Wollen wir manchen Gehirnforschern glauben, ist das ohnehin die betrübliche Wahrheit: Unsere Gedanken und Gefühle und auch unser Handeln machen, was sie wollen. Sie sind von Regionen unseres Gehirns gesteuert, auf die wir keinen Einfluss haben und bis zu denen wir auch gar nicht mit unserem Bewusstsein vordringen können. Ein Ich, sagen diese Forscher, gibt es nicht. Das Ich hat ausgedient. Unsere Impulse, Affekte, Gefühle und auch unser Wille sind, so scheint es, ganz alleine unterwegs, so wie es mir manchmal beim Autofahren passiert. Da steuert und schaltet, da beschleunigt und bremst es – hoffentlich! –, wie es gerade nötig ist. Da schaffen es die Funktionen, die ich in Jahrzehnten Fahrpraxis eingeübt und automatisiert habe, „ohne mich" zu fahren.

Gleichwohl hat sich seit Jahrhunderten hartnäckig die Behauptung gehalten, dass wir selbst es seien, die fühlen, denken und handeln. Das könnte doch auch einen Grund haben – oder nicht? Und wenn es nur der wäre, dass noch niemand je einen Gedanken hat alleine durch die Gegend laufen sehen, oder einen Willen oder ein Gefühl.

Auch wenn die Zerstreuung, das Nicht-anwesend-Sein mehr oder weniger häufig vorkommt, hat unser Ich doch die Fähigkeit, „seine Siebensachen beisammen zu haben" und ein guter, aufmerksamer Begleiter zu sein: Jemand zu Hause. Anwesend. Präsent.

Unser Ich kann ein aufmerksamer Begleiter sein, genauso wie die Mutter in unserem Beispiel, die ihr Kind mit der Rassel nicht alleine lässt, sondern sein Tun achtsam und liebevoll wahrnimmt und aufnimmt. Vor fast einem Jahrhundert erkannte der amerikanische Psychologe und Philosoph William James, dass die Fähigkeit, die Aufmerksamkeit zu steuern, die eigentliche Wurzel von Urteilsvermögen, Charakter und Willensstärke ist. Die Verbesserung dieser Fähigkeit bezeichnete er als die Erziehung schlechthin. Wem es gelingt, seine Aufmerksamkeit zu steuern, der kann sich aus seinen *Träumen*, aus seinem Abwesendsein in die Gegenwart rufen: Dann begleitet die Aufmerksamkeit das Geschehen, so wie das Kind, das mit der Rassel spielt, von der Aufmerksamkeit der Mutter begleitet wird. Dann kann das Gegenwärtigsein den Autopiloten, den ich unterwegs manchmal eingeschaltet habe, abstellen, so dass „ich fahre" und nicht „es fährt". Ich bin wieder anwesend und weiß, was ich tue. Meine Geistesgegenwart hat den Automatismus abgestellt. Wieder da. Zurückgekehrt aus dem *Weltraum*.

„Die Innenkehr", schreibt Roberto Assagioli, „kann noch weitaus mehr bewirken als die Herstellung des seelischen Gleichgewichts und der psychischen Gesundheit. (...) Wenn wir in uns gehen, entdecken wir unser psychisches Zentrum, unser wahres Wesen, den intimsten Teil von uns, dies ist eine Offenbarung und gleichzeitig eine Bereicherung." (Assagioli 2008, S. 91)

Assagiolis Innenkehr meint noch etwas Tieferes als gemeinhin unter Steuerung der Aufmerksamkeit verstanden wird. Das, wovon er spricht, geht über die Hinwendung, die wir unserem äußeren Leben und dem aktuellen Moment als Aufmerksamkeit, Wachheit und Konzentration schenken, noch hinaus. Er spricht von einer innerlichen Wahrnehmung, von unserem wahrsten und tiefsten Ich, vom innersten Anwesendsein. Er spricht von der Mitte unseres Menschseins, vom *herzlichen Geheimnis Verbundenheit.*

Wir müssen, so sagt Assagioli, in uns gehen, um unser Zentrum, unser wahres Wesen zu entdecken. Wenn wir das nicht tun, scheinen wir unsere Empfindungen und Gefühle, unsere Impulse und unser Denken alleine zu lassen. Dann gehen sie ihren automatischen Gang, und wissen nicht, was sie tun! Dann lassen wir zu, dass sie aus den unterirdischen, unbekannten Schichten unseres Unbewussten, aus denen ihre Wurzeln entspringen, gesteuert werden, „ohne uns". Wir lassen zu, dass sie von weit her gesteuert werden, aus den *Vergangen*heits-Tiefen des *Weltraumes.* Vielleicht müssen wir dieses Begleiter-Ich zu uns rufen, es auffordern, bei uns zu sein und ihm sagen, dass wir es brauchen? Vielleicht braucht es unseren Ruf? Sogar Professor Dumbledore ist nicht immer anwesend. Auch er muss manchmal gerufen werden.

Wir sind hier beim dritten Schritt auf dem Weisheitsweg angelangt, bei der nächsten Säule, die errichtet werden muss: Der erste Schritt, die Erkenntnis der Vielfalt, bringt eine Erweiterung des Bewusstseins auf der horizontalen Ebene mit sich, also in die Weite, während der zweite eine Vertiefung des Bewusstseins bewirkt. Der dritte Schritt führt jetzt nach innen, hin zum Zentrum; dorthin, wo „alles sich zum Ganzen webt", wie es in einem Gedicht von Goethe heißt, dorthin, wo das *herzliche Geheimnis Verbundenheit* entspringt. Dieses Zentrum ist kein Ort, der materiell auffindbar wäre; es ist ein symbolischer Ort des Weltinnenraumes, des Landes der Seele, ein „Bewusstseinsort": die innere Mitte, das Ich oder Selbst, der geheimnisvolle Ort unserer Subjektivität. Wenn das Zentrum ins Bewusstsein tritt, können Vielfalt und Tiefe von dort aus zu neuer, größerer Einheit finden, zu einer mehrdimensionalen Einheit, die „Offenbarung und Bereicherung" ist, Qualitäten, die man im Allgemeinen erst bei Menschen eines bestimmten Alters finden kann.

Wie alt muss man werden, um weise zu sein? Wie alt Abraxas ist, wissen wir nicht. Sein Alter kommt überhaupt nicht vor. Es scheint völlig bedeutungslos. Als Dumbledore zum ersten Mal im Buch erscheint, wird er als „groß, dünn und sehr alt" beschrieben „jedenfalls der silbernen Farbe seines Haares und Bartes nach zu schließen". Trotzdem erscheint er alterslos, wie archetypische Gestalten das eben sind, bis er – anders als Abraxas – eine persönliche Geschichte bekommt, die wir kennen lernen.

Sehr alt, heißt es, sei Dumbledore, und doch ist er noch Schulleiter von Hogwarts und das wirft die Frage auf: Werden Zauberer pensioniert? Anscheinend nicht, denn in Hogwarts unterrichten verschiedene „Typen des Älterwerdens", nicht nur die Lehrerin für Wahrsagen, die altjüngferliche Sybill Trelawney, die sich immer mehr in ihre gauklerischen Prophezeiungen, Schwindeleien, Unzulänglichkeiten und Ängste verstrickt, sondern auch der alte Professor Binns, der als Geist weiter über die Geschichte der Zauberei referiert, seit er eines Abends am Kamin einschlief und am nächsten Morgen – unter Zurücklassung seines Körpers – wieder aufstand, um zum Unterricht zu gehen, ohne je zu bemerken, dass er gestorben war. Typen des Älterwerdens, wie es sie auch im „richtigen Leben" gibt, die die Abzweigung zum Weg der Weisheit eindeutig verpasst haben.

Obwohl beide als Lehrer in Hogwarts einer generativen Tätigkeit nachgehen, sind die Weichen bei ihnen nicht in Richtung Weisheit gestellt worden. Was ist schiefgelaufen? Was fehlt ihnen dazu, Vorbilder zu sein, die Lebensspendendes und Zukunftsfähiges weitergeben könnten? Die Lehrerin für Wahrsagen wird von ihren Gefühlen völlig überschwemmt, ihre Gefühle sind „ohne sie" unterwegs. So wird ihre ursprüngliche Begabung für die Disziplin, die sie unterrichtet, mehr und mehr ausgedünnt und ihre persönliche Weiterentwicklung stagniert. Sie wird zunehmend verbittert, zerrüttet und spricht dem Alkohol zu – eine tragische Gestalt. Professor Binns hingegen ist „schon tot", er hat sich auf die kognitiven Funktionen des Verstandes zurückgezogen und eine Verfassung erreicht, die verknöchert, lebensvermeidend und gefühlsabgespalten ist. Die Geschichte der Zauberei leiert er nur herunter. Auch sein Unterricht findet „ohne ihn" statt.

Beide sind innerlich nicht präsent. So können sie ihrem generativen Auftrag nicht gerecht werden. Professor Dumbledore ist dagegen überhaupt kein blutleerer Weisheitslehrer, wie wir uns das häufig vorstellen: Manch einer denkt vielleicht, weise sei jemand, der „über den Dingen steht". Das tut Dumbledore nicht, allerdings hat er seine Leidenschaften ganz offensichtlich gezähmt, ohne sie zu verdrängen, noch sonstwie totzuschlagen. Sie strahlen aus jedem seiner Worte und seiner Taten. Sie sind im Leuchten seiner Augen ebenso zu sehen wie aus seinen feurigen Worten zu hören. Dumbledore ist voll und ganz anwesend, wahrhaft präsent.

Gezähmte Leidenschaften: Piero Ferrucci (1991) war ganz überrascht, als er einmal zu seinem damaligen Lehrer Roberto Assagioli sagte, er glaube, dass er in einer bestimmten Sache seinen Gefühlen folgen solle, denn jener antwortete: „Nein! Deine Gefühle sollen dir folgen!" Da ist es wieder, unser Ich als guter Begleiter, sogar als „Leiter", der sagt, wohin die Gefühle „mir" folgen sollen.

Aber nicht nur die Gefühle sollen uns folgen, sondern alles andere auch: Wir müssen unsere Siebensachen beisammen haben. *Siebensachen?* In den meisten psychologischen Theorien, so auch bei C. G. Jung, wird von *vier* psychischen Grundfunktionen gesprochen: Empfindung, Denken, Fühlen und Intuition. „Der Empfindungsvorgang", ist bei Jung zu lesen, „stellt im wesentlichen fest, dass etwas ist; das Denken, was es bedeutet, das Gefühl, was es wert ist, und die Intuition ist Vermuten und Ahnen über das Woher und Wohin". (1990, S. 23) Andere Theoretiker, so auch Assagioli, beschreiben *sieben* psychische Funktionen. Zu den vier bekannten kommen drei weitere hinzu: Die Triebkräfte des Begehrens, die Kräfte der Vorstellung, der Imagination und schließlich der Wille, der bei Assagioli als wesentlichste aller Funktionen gilt, weil er die Fähigkeit hat, alle anderen zu bündeln und auf ein Ziel hin auszurichten. Der Wille ist die steuernde Funktion. Seine Position im Modell der Psychosynthese ist erstaunlicherweise „innerlicher" als die der anderen sechs. Allerdings gehört auch der Wille zu den Funktionen, er ist nicht selbst das Zentrum, das seine Siebensachen beieinander haben kann! Das Zentrum liegt noch tiefer – um erneut eine Metapher zu benutzen, die jedoch nicht dazu verführen soll, zu glauben, es handle sich um einen Ort im Leib, zum Beispiel im Gehirn.

Was ist das für ein Zentrum, das noch tiefer liegt? Wie können wir dieses „Ich" verstehen, das ein treuer Begleiter sein kann? Um diesen Begleiter zu erkennen, müssen wir unsere Blickrichtung ändern: Wer ist ständig anwesend, ob ich mir dessen bewusst bin oder nicht? Wer hat diese altbekannten oder auch brandneuen Gefühle? Wer hat diese Gedanken und Überzeugungen? Wer spürt diesen Schmerz? Wenn wir nicht mehr auf den Inhalt schauen, auf das Gefühl, den Gedanken oder die Empfindung, können wir das andere ins Bewusstsein heben – dieses innere Anwesendsein, das unser Leben bezeugt, das uns stetig begleitet, ermutigt und unterstützt, genauso wie die Mutter ihr Kind mit der Rassel.

„Der erste Schritt", so hatte ich Assagioli bei der ersten Säule zitiert, „besteht deshalb darin, dass wir uns all dessen bewusst werden, was in uns existiert und wirkt". Jetzt muss ein weiterer Schritt erfolgen, nämlich „zu entdecken, was wir in Wirklichkeit sind" (Assagioli 2008, S. 96). Wir müssen jenen tief individuellen Teil finden, von dem wir spüren, dass er eindeutig verschieden von allen anderen Aspekten unserer Persönlichkeit und innerlicher ist: „Wo er herkommt, ist ein Rätsel, aber es scheint, als sei er direkter Ausdruck unseres wahrhaftigsten, tiefsten Ichs." (Assagioli 2009, Kap. 1) Unser wahrstes und tiefstes Ich ist uns im Alltagsgeschehen selten bewusst: Deshalb betont Assagioli, wie wichtig es ist, sich zuerst einmal darüber klar zu werden, dass es einen solchen inneren Begleiter gibt, und beklagt, „dass ein so wichtiges Thema unserer existentiellen Erfahrung und unserer direkten innersten Wahrnehmung gewöhnlich nicht von uns beachtet, sogar verleugnet wird". (2008 b, S. 3)

Tatsächlich verwechseln wir uns oft mit den Empfindungen und Gedanken, mit den Gefühlen und Bildern, mit den Wünschen und Nöten, die in uns ihr „Eigenleben" führen. Wir verwechseln uns mit der Vielfalt, die in uns wohnt. Wir verwechseln unser wahrstes, tiefstes Ich mit seinen Inhalten. Wir verwechseln die Teile mit dem Ganzen, dem sie angehören. Wir vergessen, wer wir eigentlich sind, in unserem Zentrum. Wir nehmen unser Selbst nicht wahr, unseren treuen Begleiter, der durch unser ganzes Leben hindurch bei uns ist und bei uns bleibt.

Um uns dieses Begleiters bewusst zu werden, muss das Ich, das Selbst sich herausdifferenzieren aus der psychischen Dynamik, aus den Bewusstseinsinhalten, aus dem Bewusstseinsstrom, und sich erheben in eine andere Dimension von Offenheit und Klarheit: Wer nimmt dies alles wahr? Wer hat Gedanken? Wer hat Gefühle? Wer ist sich bewusst? Solche Fragen, wenn sie nicht mental beantwortet, sondern wie ein

Wegweiser zu einer inneren Erfahrung genutzt werden, können in das Erleben von Selbst-Bewusstheit führen, ins innere Zentrum, in die Stille, in die Erfahrung des Seins.

„Wenn wir die Inhalte beiseite legen", sagt Assagioli, „bleiben wir selbst zurück. Das Selbst bleibt" (2008 b, S. 4): als Gegenwärtig-Sein, Dasein, Präsenz. In der Psyche, im Unbewussten gibt es „Inhalte verschiedener Art, die aktiv, dynamisch, wechselhaft sind und mit dem Strom des psychischen Lebens fließen. Das Selbst hingegen ist unveränderlich, unbeweglich, stabil" (Assagioli 2008, S. 31). Es bleibt. Genausowenig wie Professor Dumbledore wird das Selbst jemals pensioniert. Es bleibt bei uns als aufmerksamer Begleiter.

Gegen Ende ihres sechsten Lebensjahrzehntes beschloss Judith, die selbst Psychotherapeutin ist, sich noch einmal einem grundlegenden Thema ihres Lebens zuzuwenden. Da sie die Kollegen in ihrer Gegend alle kennt, nimmt sie eine weite Strecke in Kauf, um mich aufzusuchen und mietet sich dann bei mir im Dorf ein, um mehrere Sitzungen zu nehmen. Dieses Mal möchte sie an der Blockade arbeiten, die immer wieder ihren Willen im Alltag behindert. Judith hat eine große musikalische Begabung, aber es gelingt ihr nicht, diese umzusetzen, regelmäßig zu üben und mit ihrer Musik auch an die Öffentlichkeit zu gehen. Da schnell deutlich wird, dass das Thema in bedrängende Kindheitskonstellationen führt, suchen wir einen Helfer, eine unterstützende Gestalt. Im inneren Bild taucht ein Rabe auf. Judith kann seine Krallen auf ihrer Schulter fühlen. Es ist ein gutes Gefühl und Wärme breitet sich aus. Auf der anderen Seite gesellt sich ein Rotkehlchen dazu, das unruhig herumhüpft, auffliegt, mit den Flügeln schlägt. Es lenkt mit seiner Flatterhaftigkeit von dem guten, sicheren Gefühl ab, das der Rabe vermittelt. Als ich Judith immer wieder auffordere, sich an den Raben zu erinnern, verblasst das Rotkehlchen und verschwindet schließlich. Der Rabe erweist sich im weiteren Verlauf der Sitzung – die hier nicht geschildert werden soll – höchst hilfreich. Immer wenn Judith sich von ihrem Willen, aus den alten Fesseln herauszufinden, abbringen lässt, zupft er sie am Kragen und erinnert sie wieder daran. Die Imagination endet damit, dass Judith und der Rabe miteinander über die alte Angst witzeln können, von der sie sich hat behindern lassen; es geht sehr humorvoll und lebendig zu zwischen ihnen.

In der folgenden Sitzung spricht Judith darüber, dass „nichts bleibt". Erkenntnisse, Willensimpulse, gute Erfahrungen verschwinden einfach wieder, „als hätte ich keine Objektkonstanz aufbauen können" – Objektkonstanz beschreibt die Fähigkeit, gute stabilisierende innere Bilder und Erfahrungsstrukturen dauerhaft bei sich zu haben. Judith berichtet, dass sie im Nachklang unserer Sitzung wiederholt an den Raben gedacht hatte. Das hatte jedes Mal ein warmes, starkes Selbstgefühl entstehen lassen. Als ich sie bitte, ihn sich wieder zu vergegenwärtigen, ist er im inneren Bild sofort da, verwandelt sich aber rasch ins Rotkehlchen. Judith ist irritiert. Ich erinnere sie daran, dass es gestern geholfen hat, sich an den Raben zu erinnern. Das gelingt auch jetzt. Wenn er da ist, fühlt Judith sich gestärkt, sicher und zentriert. „Er hat mit Liebe zu tun", sagt sie. Als sie an eine schwierige Stelle ihrer Imagination kommt, schlage ich vor, den Raben um Unterstützung zu bitten. Er verwandelt sich sofort in einen Adler, der Schutz gibt. Dann taucht das flatternde, spielerische Rotkehlchen wieder auf, dazwischen der Rabe, immer im Wechsel. Judith erinnert sich daran, dass ich letztes Mal vom Wetterhäuschen-Phänomen gesprochen hatte: Ich hatte ihr meine Beobachtung geschildert, dass sie zwei Ausdrucks-Möglichkeiten zur Verfügung habe, die sich ge-

genseitig ausschließen: ernst-erwachsen oder kindlich-spielerisch. Der Adler bringt nun ein Drittes ins Spiel. In den wechselnden Bildern der verschiedenen Vögel kommt Bewegung in das Entweder-Oder und Judith beobachtet das Geschehen eine Weile lang. Der Wechsel wird zur Konstante! Und das Bleibende der Vogelbegleitung wird erlebbar. Schließlich kehrt Ruhe ein und nur noch der Rabe ist da. Judith ist tief angerührt. „Er bleibt". Der Rabe, der von Anfang an eine hilfreiche innere Gestalt verkörperte, strahlt nun immer deutlicher Verlässlichkeit, Dauerhaftigkeit, Kontinuität aus. In einer dritten Sitzung haben wir Gelegenheit, über den Imaginationsprozess zu sprechen. Judith berichtet, dass die Erkenntnis, dass ihr innerer Motor die Liebe ist, sie überwältigt habe. Sie hat nun verstanden, warum ihr immer wieder die Energie abhanden kommt. „Wenn mir nichts entgegenkommt, versiegt die Quelle."

Wenn das Selbst, die innere Mitte des Menschseins aufgeweckt werden kann, öffnet sich ein neuer Quell von Lebendigkeit. So wie ein Kind, wenn es sich vom Blick der Mutter – und natürlich auch des Vaters – gesehen und gehalten fühlt, die Energie bekommt, die ihm ermöglicht, mit Eifer und Begeisterung seine Welt zu erkunden und seine Kräfte zu erweitern, so fließen der Psyche neue Kräfte zu, wenn das Selbst erwacht. Stellen Sie sich vor, wie ein Kind, das allein gelassen war, wieder Sicherheit, Halt und neue Energie bekommt, wenn die Mutter kommt, sich ihm zuwendet, es „von innen" fühlt und wirklich wahrnimmt, was in ihm vorgeht und was es braucht. *Verbundenheit – dies herzliche Geheimnis:* „Die innere Welt des Kindes wird von den Eltern klar gesehen, und die Eltern lernen, mit dem Zustand des Kindes in Resonanz zu gehen. Das ist Einstimmung." (Siegel, S. 50f.) Aus der Gehirnforschung wissen wir, dass diese eingestimmte Kommunikation eine sichere Bindung knüpft und dem Kind ermöglicht, die regulierenden Schaltkreise im Gehirn zu entwickeln, die Wohlgefühl herstellen, die Fähigkeit zur Selbststeuerung aufbauen und die Kunst des empathischen Sich-Einlassens auf andere ausbilden. In der gleichen Weise bringt das Erwachen des Selbst ein inneres Anwesendsein mit sich, das die Erfahrung fraglosen Daseins, sicheren Gehaltenseins und sich erneuernder Lebensenergie aufruft. Aktuelle Ergebnisse aus der neurobiologischen Forschung bei meditationserfahrenen Menschen deuten darauf hin, dass achtsames Gewahrsein und Präsenz ganz genau die gleichen Schaltkreise benutzt, wie jene, die ein „sich gefühlt fühlendes" Kind neu aufbaut: die Schaltkreise entspannter Aufmerksamkeit, losgelösten Interesses, in sich ruhender Neugier und liebevoller Zuwendung. Es sind die „Schaltkreise des Jungseins", die bei der kleinen Hexe noch ganz ungebrochen vorhanden sind und die Professor Dumbledore in lebenslanger Übung und Ausrichtung ausgebaut und sich verfügbar gemacht hat. Es ist jener Seelenzustand, der wiedergefunden werden muss, um wieder jung werden zu können: Die Haltung wacher Neugier und kindlichen Staunens, die Haltung der Offenheit, Beeindruckbarkeit und Empfindungsfähigkeit, die ungebrochene Begeisterungsfähigkeit und die leidenschaftliche Zuwendung zum Leben.

In einem Seminar berichtete eine Teilnehmerin kürzlich über ihre Erfahrungen als Großmutter mit ihrem Enkel: „Ich muss gar nichts tun, nur da sein und die Energie fließen lassen. Dann spielt er friedlich und versunken …" Die Energie fließen lassen – oft gelingt uns das nicht; zu sehr sind wir in Aktivität verstrickt. Wir realisieren nicht, dass es darum ginge, einfach da zu sein, sich aufmerksam, offen, nicht urteilend dem anderen zuzuwenden, so dass er hervorbringen kann, was in ihm schon angelegt ist. Im Beispiel der Großmutter und ihres Enkels können wir zwei Stufen dieser „Schaltkreise des Jungseins" erkennen, die frühe und die späte: Die hingebungsvolle Versunkenheit des Kindes ist noch ganz unbewusst, während das Dasein und Fließenlassen der Energie bei der Großmutter ein bewusster und integrierter Akt der Zuwendung ist.

Das Selbst, der innere Begleiter, ist immer da. Aber erst wenn er in unser Bewusstsein tritt, kann er seine wirkliche Kraft als Selbst-Bewusstheit entfalten: *Erzähl mir deine Träume, ich möchte sie deuten, dir sagen, wie tief du vergangen bist im Weltraum, wie sich auftun wird deine Zukunft, an der alle Sterne teilhaben* ... Die innere Erfahrung des Selbst ist für Judith nicht neu, sie hat schon einen weiten Entwicklungsweg zurückgelegt. In dieser Imagination konnte sie die Selbst-Qualität von Konstanz und Dauer, die Erfahrung von etwas Bleibendem in sich aufrufen, den inneren Begleiter finden, der „ihr entgegenkommt" und die Quelle sprudeln lässt, so dass *sich Zukunft auftun* kann. Im Anschluss an eine solche innere, symbolische Erfahrung muss diese dann natürlich verankert, wiederholt und ins Leben gebracht werden, denn nur durch Wiederholung wird eine Erfahrung allmählich zur inneren Struktur und geht so in den Charakter, in die Persönlichkeit ein, oder, anders ausgedrückt, baut neue, feste Verschaltungen im Gehirn auf. Solange dieser aktive Umgestaltungsprozess nicht in die Hand genommen wird, bleiben solche Erfahrungen ein Erlebnis, ein herausragendes vielleicht, aber auch dieses *vergeht* schließlich als Erinnerung *im Weltraum.* Von dort kann es uns zwar noch erreichen, aber erst wenn wir die Erfahrung in uns zu einer festen Struktur aufgebaut haben, haben wir eine Bodenstation errichtet, von der aus *sich Zukunft auftun wird, an der alle Sterne teilhaben,* weil sie nun in ihrer Bedeutung gewandelt werden konnten: Die

Sterne sind nicht mehr Erinnerungslichter der Vergangenheit, denen wir nachhängen, sondern *Zukunfts*boten, Leitbilder, denen wir uns unterstellen und denen wir folgen können – ein Thema, das zur vierten Weisheitssäule gehört.

Unser lebendiges Selbstsein erwächst aus dem *herzlichen Geheimnis Verbundenheit*: Wie aus synaptischen Verschaltungen und Gehirnströmen Bewusstsein entsteht, wissen wir nicht; dagegen wissen wir sehr genau, dass sich ohne das *herzliche Geheimnis Verbundenheit* kein menschliches Bewusstsein entfaltet, keine Menschwerdung geschieht, kein Bewusstsein über das eigene Ich, das Selbst, das innere vereinigende Zentrum erwächst, keine wirkliche Subjektivität: *meine* Zuwendung, *mein* Verbundensein, *mein* Erkennen.

Das Kind braucht noch eine äußere Bezugsperson, um diesen Zustand zu finden. Das neun Monate alte Kind sowieso, aber auch das größere Enkelkind meiner Seminarteilnehmerin. Mutter, Vater, Großmutter oder jemand anderer geben dem Kind Sicherheit, Stabilität und Ausrichtung und ermöglichen so die offene Lernhaltung, die später einmal – wenn alles gut geht – zur Weisheit führen kann. Mit der Zeit kann das Kind dieses zugewandte, interessierte Gegenwärtig-Sein zunehmend verinnerlichen und selbst aktivieren. Dann hat es jenen „Ort“, jenes Zentrum in sich errichtet, das in der Psychosynthese auch der „innere Beobachter“ genannt wird, jenes Zentrum, das es zu stärken gilt, aus dem heraus wir anwesend sein, unsere Siebensachen „bei uns“ haben und ein neues, ganz anderes inneres Gespräch beginnen können: *Erzähl mir deine Träume* ...

Denn die Entdeckung dieses inneren Zentrums, wo „alles sich zum Ganzen webt“, bringt eine Änderung der seelischen Gewohnheiten mit sich, sie bewirkt einen Quantensprung: Vom identifizierten zum beobachtenden, wahrnehmenden, begleitenden Ich; vom emotionalen Reagieren zum erspürenden Fühlen, vom urteilenden zum erkundenden Denken und vom egozentrierten zum intuitiven Willen, vom drängenden Begehren zur brennenden Sehnsuchtsflamme und von prägenden, begrenzenden Vergangenheits-Bildern hin zu lebensvollen Zukunftsvisionen.

Das Erwachen des Selbst, der inneren Mitte spannt einen Raum auf: Atemraum, lebendiger, bewegter Raum, zwischen „mir" und dem, „was ich wahrnehme". Ich bin nicht mehr identifiziert, verschwimme nicht mehr mit dem, was geschieht, bin aber auch nicht abgetrennt oder abgespalten davon, sondern in lebendiger, atmender, schöpferischer Zuwendung dazu und in persönlicher, individueller Beziehung damit – der Raum des „Dazwischen" geht im Weltinnenraum auf, jener Raum, von dem Martin Buber gesprochen hat: *Am Du werden wir erst zum Ich.*

Das Erwachen zur Selbst-Bewusstheit lässt eine neue, persönliche und intime Beziehung zu uns selbst entstehen, als innere Form der Einstimmung; genauso persönlich und nah wie die Beziehung der Mutter zu ihrem rasselschwingenden Kind: Je mehr es uns gelingt, in uns hineinzuschauen und zu lauschen, umso mehr können wir uns auf unseren Innenraum einstimmen, genauso wie die Mutter auf ihr Kind. Aber es ist auch umgekehrt: Er stimmt sich auch immer feiner auf uns ein. Aus der Säuglingsforschung haben wir gelernt, dass sich die Gefühlswelt des Kindes über die Einfühlungsfähigkeit und die feinfühlige Abstimmungsfähigkeit der Mutter aufbaut. Über die feinfühlige Abstimmungsfähigkeit der Mutter lernt das Kind auch, sich auf sie einzustimmen, sie ist der leuchtende *Stern*, dem es folgt. Deine Gefühle sollen dir folgen, hatte Assagioli gesagt. Wenn das Selbst zur Bewusstheit erwacht ist, ist den Gefühlen – und allem anderen auch – der *Stern* am Himmel aufgegangen, dem sie folgen können.

Aus unserem tieferen Selbst heraus erwächst eine neue, persönliche Beziehung zum sich entfaltenden kreativen Leben in uns und knüpft Verbindung nach innen und auch nach außen, denn es reicht über die persönliche Begrenzung hinaus ins Leben hinein, von der alltäglichsten Begebenheit bis in *den Weltraum* und bis *an alle Sterne,* wie Rose Ausländer im Gedicht sagt. Verbindung, *Verbundenheit,* die im Gegenwärtigsein auf *geheimnisvolle* Weise die Kontinuität des Lebens zusammenknüpft aus den tiefsten *Vergangenheits-Tiefen* bis hin zu *deiner Zukunft, an der alle Sterne teilhaben.*

Psychisches Wachstum braucht ein Größeres, ein vereinigendes Zentrum, auf das es sich ausrichten kann. Die kleine Hexe hatte dafür ihren Rabenberater Abraxas. Alles „Groß-Werden“, jedes Über-sich-Hinauswachsen, jegliche Wandlung oder Transformation – sie alle brauchen *Sterne* am Himmel, denen sie folgen können. Solange wir uns bewusst sind, dass es sich um Symbole handelt und diese nicht die Wirklichkeit sind, können sie etwas in uns anstoßen, den Weltinnenraum ordnen und auf ein gutes Entwicklungsziel – *deine Zukunft, an der alle Sterne teilhaben* – ausrichten. Das Bild des Raben, die Bilder der liebevollen, aus den Fotos heraus winkenden Eltern Harrys und auch jenes von Professor Dumbledore können dann als solche *Sterne* erkannt werden, als Symbolbilder, die in der Seele ein intuitives Verständnis von den komplexen psychischen Zusammenhängen aufrufen, die unserer Wachstumsbewegung zugrunde liegen, sie ordnen und strukturieren.

Judith hat einen Raben als Selbstsymbol gefunden. Ob sie als Kind die kleine Hexe gelesen und geliebt hat, weiß ich nicht, aber ihr Unbewusstes hat den Raben als Symbol gewählt, ein Symbol, das auch in Märchen und Mythen seinen Platz hat. Solche Symbole tragen bestimmte Qualitäten in sich und rufen die entsprechende Erfahrung in der Psyche auf.

„Freilich ist der Gebrauch [der Symbole] auch mit Gefahren verbunden: Wer sie wörtlich nimmt, wer nicht über die Symbole zur Wirklichkeit vorstößt, sondern bei ihnen stehen bleibt, erreicht nicht die wahre Erkenntnis." (Assagioli 2008, S. 89) Diese Gefahr ist in einer Zeit, in der magisches Denken und „Flachlandbewusstsein" (Ken Wilber) sich zunehmend ausbreiten, wohl gegeben. Im „Flachland" werden die Bilder und Symbole nicht als etwas verstanden, das auf eine Wirklichkeit verweist, die sprachlich nicht in ihrer ganzen Weite und Tiefe erfasst werden kann, sondern als etwas, das nur „flach" zu sich selbst zurückführt. Hier sind die Warnungen bezüglich der Fantasy-Literatur sehr wohl berechtigt, nicht aber für ein aufgespanntes, vieldimensionales symbolisches Denken.

Damit das magische Denken sich weiterentwickeln kann zum Symbolverständnis und das „Flachland" sich auffaltet zu einem Bewusstsein, das Tiefen- und auch Höhendimensionen beinhaltet, braucht es große innere Spannkraft. Ist diese nicht ausreichend vorhanden, kann der Sprung auf diese Entwicklungsstufe nicht erfolgen. Es kann sogar geschehen, dass diese Dimension unter starkem psychischem Druck wieder zusammenbricht, wie es Regina, einer anderen Klientin von mir vorübergehend zustieß. Unter der tödlichen Bedrohung einer aggressiv sich ausbreitenden Krebserkrankung hatte sie in einer Imagination um eine hilfreiche Botschaft gebeten und die Antwort erhalten: „Brich auf nach Amerika." Sie fand diese Botschaft niederschmetternd, weil ihre körperliche Verfassung ihr eine solch große Reise nicht mehr gestattete. Als ich ihr aber helfen konnte, zu hinterfragen, was „Amerika" symbolisch für sie bedeutet, und welche innere Reise, welche innere Haltungsänderung damit gemeint war, konnte sich die symbolische Dimension der Psyche wieder „nach oben" bis an *alle Sterne auftun* und einen inneren Weg weisen.

Judith unterliegt dieser Gefahr nicht. Ihr Symbolverständnis ist stabil ausgebildet und so kann sie ihren Raben als Kraft des höheren Unbewussten erkennen, der die Weisheit eines größeren Wissens verkörpert. Er kann als vereinigendes Zentrum in der Psyche wirken, das Judith dabei helfen kann, ihre psychische Vielfalt in ein größeres Ganzes zu integrieren.

Denn obwohl die Gehirnforschung uns beweist, dass unser Bewusstsein über unsere inneren Vorgänge sehr begrenzt ist, und nicht bis hinunter reicht in den *Weltraum* unserer frühen Gehirnschichten – eine Erkenntnis, die es in der Psychologie seit Sigmund Freud bereits gibt –, können wir doch eine andere Art von Bewusstheit davon erlangen: „In diesem sehr tiefgründigen, wahren Konzept des psychischen Lebens wird der kleine bewusste Anteil in ein wesentlich weiteres, reicheres Ganzes eingeschlossen, das unser gesamtes Sein darstellt." (Assagioli 2009, Kap. 2) Die Erkenntnis, dass es viel mehr Austausch zwischen uns und unserer Umwelt gibt, als uns bewusst ist, setzt sich allmählich durch, denken wir nur an die Spiegelneuronen! Wir stehen in kontinuierlichem Austausch mit allem, was uns umgibt und was sich ereignet. Unsere Wahrnehmung ist viel subtiler als wir wissen. Das Gespräch, das wir unaufhörlich mit der Welt um uns her führen, ein Gespräch nicht-verbaler Natur, lässt stetig Information fließen, unterhalb der Bewusstseinschwelle. Während ich hier sitze und diesen Text in meinen Computer tippe, bewegt sich meine Hand spielerisch, um die Tasten zu finden und meine Gedanken aufs Papier zu bringen: sie kennt die Wege. Wenn ich aufstehe, um die Treppe hinunterzulaufen und mir etwas zu trinken zu holen, wissen meine Beine genau, was sie tun müssen, damit sie mühelos die Stufen finden. Wenn mein Mann am Abend nach Hause kommt, bekomme ich schon vom Geräusch seiner Schritte, vom Klappen der Türen eine Ahnung, wie sein Tag verlaufen ist. Dasselbe gilt auch für den Weltinnenraum. Wenn wir in unser Körperbewusstsein hineinlauschen, finden wir dort erstaunliches Wissen um unsere *Vergangen*heits-*Welträume*, und auch überraschende Weisheitskunde über unsere zukünftigen *Stern*bilder. Wenn ich am Morgen aufwache, erzählen mir meine Träume von meinem *Vergangen*sein im *Weltraum* und auch von der *Zukunft*, die *sich auftun* kann, wenn ich die *Sterne* daran *teilhaben* lasse.

Wenn wir die Begrenzung unseres Bewusstseins anerkennen und uns gleichzeitig den nicht-verbalen Schichten unseres Seins aufmerksam zuwenden, können wir den kleinen bewussten Teil unseres psychischen Lebens in einen größeren, reicheren einschließen, der unser gesamtes Sein ausmacht, unser integrales Wesen.

Wir können niemals „wissen", was die Psyche alles beinhaltet – denn dies ist unmöglich, da sie aus den *Vergangen*heits-*Tiefen des Weltraums* bis zur *Zukunft, an der alle Sterne teilhaben,* reicht. Aber um die innere Mitte zu finden, aus der heraus alles sich zum Ganzen webt, ist es auch gar nicht nötig zu „wissen": Daniel Siegel, ein meditationserfahrener Hirnforscher, spricht stattdessen von unmittelbarem Spüren: „Mit dem achtsamen Gewahrsein, so können wir annehmen, tritt der Geist in einen Seinszustand ein, in dem die eigenen Hier-und-Jetzt-Erfahrungen unmittelbar gespürt werden, sie als das akzeptiert werden, was sie sind, und mit Güte und Respekt anerkannt werden." (Siegel, S. 38) So kann die Wahrnehmung sich ausweiten.

Die vierte Säule: „Ich glaube, wir sind jetzt klein genug"

Stelle dein Leben unter einen Stern.
Leonardo da Vinci

Die Einheit, in der wir unser wahres Wesen entdecken und alles sich zum Ganzen fügt, ist möglich, aber sie geschieht nicht von selbst. Sie ist Frucht eines aktiven und stetigen Integrationsprozesses. Eines Prozesses, der eine Ausrichtung auf etwas Größeres braucht, damit die vielfältigen Elemente, Anteile und Schichten, die uns ausmachen, sich als Teile eines größeren Ganzen verstehen lernen, in das sie sich einordnen können. Eines Integrationsprozesses, in dem die Person verstehen lernt, dass sie ihrerseits Teil eines größeren Ganzen ist, dem sie sich aus freien Stücken unterstellt.

In ihrer Assagioli-Biografie erzählt Paola Giovetti, wie sie bei ihrer Recherche auf einem der Notizzettel, für die Assagioli berühmt war, eine Anekdote liest, „die Assagioli besonders gefiel und die er aus dem Buch „Il libro dei naturalisti" von W. Beebe entnommen hatte. Dieser Wissenschaftler, Freund von Theodore Roosevelt, verbrachte viele Abende mit dem damaligen Präsidenten der Vereinigten Staaten. Eines Abends trat er mit ihm ins Freie, um den Sternenhimmel zu bewundern. Als die beiden Freunde den schwachen Andromedanebel erkennen konnten, sagte Beebe: „Dies ist der Andromedanebel. Er ist so groß wie die Milchstraße. Er ist einer von Millionen außergalaktischer Nebel, er besteht aus Millionen Sonnen, von denen jede größer als unsere Sonne ist." An diesem Punkt unterbrach ihn Roosevelt und sagte lächelnd: „Ich glaube, wir sind jetzt klein genug. Wir können zu Bett gehen." (S. 3)

Auch in dieser Anekdote steht der Sternenhimmel als Symbol für eine Wirklichkeit, die größer ist als unser begriffliches Denken fassen kann. In symbolische Bilder gekleidet können wir sie intuitiv verstehen. Symbole dienen als Spiegel und Vermittler der größeren, der spirituellen Realität. Sie zeigen uns etwas, das uns anrührt, verwundert oder fasziniert; etwas, dem wir noch entgegenwachsen, das noch Zukunft ist. Die Weite und Unendlichkeit des Sternenhimmels kann uns die Möglichkeiten der Erweiterung, der Ausdehnung unseres Bewusstseins vor Augen führen; die Sonne kann eine Ahnung von der Erleuchtungskraft unserer Erkenntnisfähigkeit in uns anstoßen; das Feuer kann uns eine Idee von unseren inneren Wandlungskräften geben und Figuren wie der „Alte Weise“ oder die „Weise Frau“ können uns einen Geschmack von zukünftiger Integrität und Güte, von Liebe und Weisheit vermitteln. Solche Symbole rufen die „transzendente Funktion“ (C. G. Jung) in der Psyche auf, die Sehnsucht und den Willen, „groß zu werden“ und auf dem Blocksberg mitzutanzen wie die kleine Hexe.

So wie die Gene die Weisheit enthalten, die dem Körper seinen Wachstumsweg weist, tragen spirituelle Symbole das intuitive und gleichzeitig präzise Weisheitswissen in sich, die der Seele „am Stück“ vermittelt, „wie es geht“. So können sie zu äußeren, vereinigenden Zentren werden, die die psychische Entwicklung leiten. Sie können dem Selbst ein Spiegel sein, in dem es seine zukünftige Gestalt erblicken und darauf zuwachsen kann. *Stelle dein Leben unter einen Stern*, sagt Leonardo da Vinci und spricht damit von einem solchen äußeren, vereinigenden Symbol, das die Kräfte der Seele bündelt und auf ein Ziel hin ausrichtet: Unter welchen *Stern* will ich *mein Leben stellen? Bis wohin reicht mein Leben? Sage mir, was hast du vor, mit deinem einen, wilden, kostbaren Leben?*

Erzähl mir deine Träume, ich möchte sie deuten, dir sagen, wie tief du vergangen bist im Weltraum, wie sich auftun wird deine Zukunft, an der alle Sterne teilhaben …

Alle die symbolischen Bilder, die in diesen Zeilen enthalten sind, verweisen auf den Stern, dem es zu folgen gilt, als Vorausentwurf in die Zukunft hinein: Wohin will ich mich entwickeln? Die Prozesse emotionalen und geistigen Wachstums geschehen, wie wir wissen, nicht zwangsläufig; weise wird man nicht von alleine. Es braucht dazu nicht nur eigene Mühe und Anstrengung, sondern auch ein Entwicklungsziel, das so viel Anziehungskraft besitzt, dass der Schwerkraft ausreichende „Ziehkraft" gegenübertritt, so dass das in den bisherigen psychologischen Prozessen Erworbene, Versammelte und Erkämpfte nicht wieder den Berg des Entwicklungs-Aufstiegs hinunterpurzelt „wie ein Stein im Geröll".

Solche Symbole können eine *geheimnisvolle* Wirkung auf uns ausüben. Ob wir den Sternenhimmel betrachten, ein Gedicht lesen oder ein Gemälde anschauen, das unser Inneres bewegt, wir treten dabei aus unserem alltäglichen Bewusstseinszustand heraus. Wir treten in einen Zustand der Zuwendung und Konzentration, so wie die Mutter, die wir mit ihrem rasselspielenden Kind beobachtet hatten. Wir treten ein in einen Zustand *herzlicher Verbundenheit*, der Öffnung und der Stille, der Sammlung und der größeren Intensität. Der Psychoanalytiker und Säuglingsforscher Daniel Stern nennt solche Augenblicke „now-moments", Gegenwartsmomente, Augenblicke, in denen die Welt sich langsamer zu drehen, manchmal sogar die Zeit stillzustehen scheint, Augenblicke der Selbst-Bewusstheit – oder der Selbst-Vergessenheit?

Die Fähigkeit, Distanz zu sich selbst, zu seiner Persönlichkeit, zu bekommen, ist der Kern der vierten Säule der Weisheit: In der Zuwendung zu etwas Größerem, das die ganze Seele ausfüllen kann, können die persönlichen Themen zur Seite gestellt und „vergessen“ werden; so wird eine neue Perspektive eröffnet, die Perspektive des Sternenhimmels, der Blick von weit oben. Kürzlich habe ich Postkarten gefunden, auf denen die Erde, die Sonne und verschiedene Planeten dreidimensional abgebildet sind: als würde man sie „von oben“, aus dem Weltraum sehen. Sie wirken alle höchst lebendig, wie beseelt, so wie es Astronauten oft beschreiben, die von ihrer Ergriffenheit berichten, wenn sie die Erde von weitem als ihren Heimatplaneten erkennen und von einem Gefühl der Zugehörigkeit und Liebe sprechen, das dabei in ihnen erwacht. Der Blick aus der Distanz erweckt in ihnen das *herzliche Geheimnis Verbundenheit*, den inneren Ort des Gewahrseins, der das Ganze sieht und selbst unteilbar ist – Individuum. Der Blickwinkel wirklicher Subjektivität braucht Abstand, er erwächst aus dem Gegenübersein: *Meine* Zuwendung, *meine* Aufmerksamkeit, *mein* Aufgerufensein und *meine* Antwort. So öffnet sich ein neues Fenster, ein Weisheitsfenster, das einen anderen Ausblick gibt und eine neue Antwort auf die Frage: *Bis wohin reicht mein Leben?*

Die Einheit, hat Assagioli gesagt, ist kein unentgeltliches Geschenk, sondern Errungenschaft eines Werkes der Selbstgestaltung, des schöpferischen Umgangs mit der eigenen Person. Deshalb spricht Assagioli dem Willen eine herausragende Bedeutung zu und sagt, dass die Kräfte der Psyche nicht sich selbst überlassen werden dürfen, „sondern man sollte (...) sie konstruktiv einsetzen: für kreative Aktivitäten verschiedenster Art, zur Neugestaltung unserer Persönlichkeit“. (2004, S. 68) Mein Leben – ein Kunstwerk: der schöpferische Umgang mit sich selbst erfordert es, immer wieder aus bisherigen Identifikationen, aus einer begrenzten Identität herauszutreten. Sie erfordert die Disidentifikation von den einzelnen Elementen, die die Persönlichkeit ausmachen und die für die meisten Menschen bedeuten: So bin ich eben und so werde ich immer sein. Die Übung der Dis-Identifikation, das Einüben des Loslassens, des gelassenen Umgang mit sich selbst und dem Leben ist kein Abspalten, Verdrängen oder Verleugnen dessen, was ist – im Gegenteil! Es schafft gute Distanz, hilfreichen Abstand, schöpferischen Raum für das *herzliche Geheimnis Verbundenheit.* Verbundenheit, Verbindung gibt es nur im Abgegrenztsein, im Gegenübersein, nicht aber im Verschmolzensein, in der Identifikation. Die Disidentifikation hilft dabei, sich im Zentrum zu versammeln, seine „Siebensachen" beieinander zu haben und sie zu koordinieren – wie es Thema der dritten Weisheitssäule war. Jetzt, im vierten Schritt, geht es um Integration: Wie kann die Persönlichkeit neu ausgerichtet und umgebaut werden? Wie können alle Anteile, Aspekte und Teilpersönlichkeiten so aufeinander abgestimmt werden, dass ein größeres Ganzes daraus erwächst, das eine neue, reifere Persönlichkeit bildet, die aus dem Fenster der Weisheit blicken kann?

Mit Mitte 50 fragte Bernd, der mir schon seit längerem aus Seminaren bekannt ist, um Wegbegleitung an. Die letzten zwei Jahrzehnte seines Lebens, so berichtete er, waren glücklich gewesen, in privater und auch in beruflicher Hinsicht. Seit einigen Monaten aber gärte etwas in ihm, uralte Gefühle und Themen der Kindheit tauchten auf einmal wieder empor und auch eine große Sehnsucht nach einem anderen, wesentlicheren Leben, einem Leben, das mehr spirituelle Tiefe enthält.

Nachdem wir verschiedene Themen, die eine Neueinordnung erforderten, durchgearbeitet hatten, berichtete Bernd von einem Traum. Er nannte ihn „den Traum von den Steinpilzen": „Wir sind zu zweit. Wir gehen in ein Haus, es ist nicht wie ein Überfall, aber wir gehen trotzdem unrechtmäßigerweise hinein und schauen uns um. Wir haben wundervolle Steinpilze dabei, die wir gefunden haben. Als wir in die Richtung des Kellers gehen, hören wir ein Geräusch. Eine junge Frau kommt von dort, fragt uns, was wir hier wollen. Ich sage, wir hätten nach einem kühlen, dunklen Ort gesucht, um die Pilze zu lagern, aber das ist nur eine Ausrede. Die junge Frau sagt uns, dass auch ihre Mutter im Haus sei, im oberen Stockwerk."

Bernd erzählt, dass er bei einer Wanderung tatsächlich Steinpilze gefunden hatte. Er war unterwegs in den Bergen, nur so, wegen der Luft und der Aussicht und weil er im Gehen besonders gut über die Themen nachdenken konnte, die ihn innerlich beschäftigten. Auf einmal waren sie da: Steinpilze, genauso, wie sie sein sollen, der Inbegriff von Steinpilzen. Als ich Bernd frage, was sie ihm bedeuten, antwortet er, sie stünden für etwas, das einem ungesucht, ganz überraschend vor den Füßen liegt, etwas Wertvolles. Wie Goldnuggets. Und das ist es ja auch, was ihm in den letzten Monaten geschieht, seit er mit sich wieder ganz neu und intensiv auf dem inneren Weg ist. Während solcher Dialoge fallen ihm immer wieder ganz überraschende Erkenntnisse, Gefühlserlebnisse und Zusammenhänge „vor die Füße".

In einer Imagination führt Bernd dann einen inneren Dialog mit der alten Frau, die er in dem Haus seines Traumes trifft und die sich als sehr fein, wohlgesonnen, warm und klar herausstellt. Bernd erkennt, dass er sich nicht wirklich auf sie einlässt. Er weicht aus auf Gefühlszustände, „wo die Akteure nicht mehr wichtig sind". Auf meine Nachfrage antwortet er, dass er das gut aus seinem Leben kenne, sich zu verschließen und innerlich wegzugehen. „Frag dich, was du willst, spür nach, was dir jetzt, hier wichtig ist", bitte ich ihn. Nach einer kleinen Weile der inneren Erforschung kommt die Antwort:

„Kontakt, Verbindung." Ganz sachte kann Bernd sich einlassen: „Ich bin vorsichtig, aber ich gehe nicht weg." In der Nachbesprechung der Imagination sagt er, dass es eine ganze Weile dauern wird.

Mit seiner Willensäußerung hat Bernd sich unter einen neuen Stern gestellt. Bis hierher hatte er seine Lebensgestaltung darauf ausgerichtet, Autonomie und Unabhängigkeit zu entwickeln, für sich zu sein und niemanden zu brauchen. In Folge seiner Kindheitserfahrungen hatte Bernd diese Bewältigungsform gut ausgebildet. Die neu aufgebrochene Sehnsucht nach dem Wesentlichen, nach Tiefe und Spiritualität konnte jetzt einen anderen Stern aufgehen lassen: einen Stern der Zuwendung, des Kontaktes, der Verbindung. Wie Bernd sagt, wird es eine Weile dauern. Der neue Stern weist nur einen Weg, der dann überhaupt erst begangen werden muss. Es braucht Zeit, bis die alten, eingeprägten Glaubenssätze, die alten Zielbilder und dazugehörigen inneren Strukturen umgebaut sind und die neuen aufgebaut und ins Leben gebracht werden können. Damit dieser Umbau erfolgen kann, braucht es einen Willensentschluss, der eine neue Ausrichtung schafft und aufrechterhält; eine neue Ausrichtung der Persönlichkeit, ihrer Gefühlswelt und auch ihres Denkens.

Mit unseren Gedanken, mit unseren Glaubenssätzen über uns, über die Welt und das Leben identifizieren wir uns wie mit nichts anderem. Je nachdem, was wir erlebt haben, bilden sie regelrechte Narben in unserer Seelenlandschaft, die den freien Fluss der Lebensenergie behindern. Die meisten Menschen tragen seelische Gedanken-Narben mit sich, die aus der Vergangenheit stammen, Sätze aus der Kindheit zum Beispiel, negative Botschaften, kritische und vor allem abwertende Bemerkungen, die sich eingeprägt haben und die im inneren Selbstgespräch oft ständig wiederholt werden. Manche Glaubenssätze sind noch viel älter, über Generationen weitergegeben, verstaubt und veraltet, weder zeitgemäß noch zukunftsfähig. Gedanken, die aus den Tiefen der Vergangenheit stammen, *vergangen* sein sollten *im Weltraum*, anstatt die Gegenwart zu bestimmen und Zukunft zu verhindern. Gedanken, ganz besonders, solange sie unbewusst sind, haben selbsthypnotische Kraft und wirken in der Psyche mit jeder weiteren Wiederholung, zumal deren oft unzählige sind! Solche Narben sind oft schwer zu überwachsen. Jeder, der sich jemals in Konzentrationsübungen und mehr noch, in einer meditativen Disziplin geübt hat, kennt das innere Geplapper, das uns in unserem alten Glaubenssystem festhält und einfach nicht schweigen will.

Im ersten Harry-Potter-Band taucht Lord Voldemort als „Kopfgeburt" am Hinterkopf des Lehrers für Verteidigung gegen die dunklen Künste auf – einer schwachen, erbärmlichen Persönlichkeit. Voldemort ist hier noch kein Mensch aus Fleisch und Blut. Er ist ein Geschöpf aus puren Hassgedanken im Kopf eines anderen Menschen. Mit seiner Destruktivität kann er im Verlauf der Geschichte immer mehr Menschen infizieren und allmählich „Substanz gewinnen", ganz genauso wie es sich mit den Kräften der Psyche tatsächlich verhält: Alles, was wir in uns tragen, pflegen und wiederholen, gewinnt an Kraft, an Substanz, an innerer Realität. Deshalb müssen wir beginnen, Verantwortung dafür zu tragen, was in unserer Seelenlandschaft wächst und sich vermehrt: „Wenn wir beispielsweise erkannt haben, dass Gedanken, Gefühle und Willensakte nichts Abstraktes sind, sondern lebendige Kräfte, mächtige Realitäten auf subtilen Ebenen, die wir selbst geschaffen haben, dann ist unsere Verantwortung beim Gebrauch dieser inneren Kräfte größer als die eines Menschen, der davon nichts weiß." (Assagioli 2008, S. 167)

Dazu aber muss „jemand zu Hause sein“, jemand, der sein Leben unter einen hellen Stern gestellt hat, jemand, der seinen Weltinnenraum mit guten Kräften füllen will, denn es geht natürlich auch genau anders herum: „Damit Altruismus und Mitgefühl zu dauerhaften Bestandteilen unseres Bewusstseinstromes werden, müssen wir sie über längere Zeit kultivieren. Wir müssen sie uns bewusst machen und sie dann fördern; wir müssen sie wiederholen, bewahren, verstärken, so dass sie unser Denken und Fühlen allmählich dauerhaft ausfüllen.“ (Ricard, S. 28) Erst wenn man das Mitgefühl wieder und wieder in sich erzeugt hat, wird es zur zweiten Natur. So wie auch Wut, die wieder und wieder zugelassen wird, zur zweiten Natur wird. Was wollen wir erzeugen? *Sage mir, was hast du vor …?*

Voldemort, der die Verkörperung einer Anti-Lebenskraft ist, stellt sich unter keinen Stern. Er ist sich selbst das Höchste, seine persönliche Unsterblichkeit ist seine ganze Vision. Sein Denken ist ein zerstückeltes, das in reinen Funktionszusammenhängen abläuft: Was dient meinen Zielen, wie kann ich mir die Welt, die Dinge, die Menschen unterwerfen? Ein Denken, das ja gar nicht so selten ist, wenn auch nicht in solch ausgeprägter Form. Stattdessen gilt es, ein Denken zu entwickeln, das nicht zerstückelt, obwohl es durchaus präzise analysiert, das nicht tötet, obwohl es ganz genau untersucht, und das nicht spaltet, obwohl es bis weit in die Tiefe dringt. Ein Denken, das die persönliche Sichtweise mit der anderer Menschen integrieren kann, ohne dass sie in Widerspruch zueinander kommen müssen, selbst dann, wenn sie höchst verschieden sind, weil es kreativ mit Unterschieden umgehen und mit Paradoxen jonglieren kann. Ein Denken, das die inneren und äußeren Konflikte als Teil eines größeren Ganzen erkennen und sich in Kategorien des sowohl-als-auch bewegen kann. Ein Denken, das dem sich entfaltenden Leben dient. Solches Denken kann das innere Selbstgespräch und auch das äußere Gespräch aus der Vergangenheit befreien und ein neues, ein Zukunftsgespräch führen, an dem *alle Sterne teilhaben.*

Um ein solches Denken zu entwickeln, muss man sich einem entsprechenden Stern unterstellen: Es macht einen großen Unterschied, ob man unter einem Abwehr-Stern steht, oder unter einem Zuwendungs-Stern! Nicht nur im äußeren Handeln, sondern vor allem auch in der inneren Einstellung. Können Sie sich vorstellen, wie ein Gehirn, wie die Psyche, wie aber auch der körperliche Organismus arbeitet, wenn alles auf Abwehr oder aber alles auf Zuwendung ausgerichtet ist? Die amerikanische Neurowissenschaftlerin Candace Pert spricht von den „Molekülen der Emotionen", von Neuropeptiden, die je nach der emotionalen Ausrichtung eines Menschen durch den Körper „fließen" und ihm die Botschaften der „Zentrale" zuflüstern. Was geschieht wohl, wenn sie ständig: „Hass, Hass, Hass ..." flüstern? Und was, wenn sie stattdessen „Liebe, Liebe, Liebe ..." flüstern?

Das Gehirn im Zustand eines rein zweckorientierten Denkens ist in höchster Aktivität, Rastlosigkeit und Begierde, in beständigem, fieberhaftem Durcheinander von Gedanken und illusionären Vorstellungen egozentrischer Art, und damit auch voller Angst, weil es isoliert ist, nicht nur von anderen Menschen, sondern auch abgetrennt von seiner eigenen Menschlichkeit. Es weiß nichts vom *herzlichen Geheimnis Verbundenheit*, es ist verlassen und verloren in den Tiefen eines luftleeren, lebensfeindlichen Weltraums. Im Zustand einer Hinwendung zur Welt und zu anderen ist es dagegen aktiv und offen, neugierig und belebt und hat Teil am *herzlichen Geheimnis Verbundenheit.* Im Zustand des „Alten Weisen" gar ist es gelassen, weit ausgebreitet, unverrückbar eingebunden und komplex vernetzt, so dass es alles umfasst, von den *Vergangen*heitstiefen des *Weltraumes* bis hin *zur Zukunft, an der alle Sterne teilhaben*. Das Gehirn im Weisheits-Zustand hat jene Fähigkeit erlangt, die Krishnamurti als höchste Form der Intelligenz bezeichnet hat: wahrzunehmen ohne zu verurteilen. Diese Intelligenz ist umfassend, weil sie nichts mehr durch urteilende Bewertung ausschließen, abspalten oder verleugnen muss, sie nimmt *wahr*, was ist: „Das intuitive Erkennen tritt dabei an die Stelle des sinnlichen, intellektuellen, logischen und rationalen Erkennens, oder es ergänzt und transzendiert dieses jedenfalls." (Assagioli 2008, S. 97)

Wie kommt es zu diesen verschiedenen „Gehirnzuständen"? Wie kommen solch unterschiedliche Entwicklungen zustande? Wo trennen sich die Wege?

Professor Dumbledore erklärt Harry, was zu seiner persönlichen Entwicklung beigetragen hat: Als Harry nach Hogwarts kam, hatte ihm der „Sprechende Hut", der die Schüler den verschiedenen Häusern zuteilt, zugeflüstert, dass er alles in sich habe, was ein guter „Slytherin" braucht, wie das Haus, das die schwarzen Magier hervorbringt, heißt. „Nicht Slytherin", hatte Harry damals inständig gefleht und so seine Entscheidung getroffen, wohin er sich entwickeln will. Dumbledore erklärt ihm, dass unsere Entscheidungen viel mehr als unsere Fähigkeiten zeigen, wer wir sind. Damals hat Harry seine Entscheidung getroffen, genau wie die kleine Hexe, die nicht so werden will wie die böswilligen Alten vom Blocksberg. Der Entwicklungsweg wird durch die eigenen Willensentscheidungen gewählt, durch die Entscheidung, unter welchen Stern wir uns stellen wollen. Zu Beginn dieses Gespräches mit Dumbledore glaubt Harry noch, dass es darauf ankäme, „wie er ist", er hält den Charakter noch für eine unveränderliche Festlegung, er glaubt noch an Prägungen und an Genetik als Schicksal. Erst danach kann er verstehen, dass er nicht „eben so ist", sondern dass es an ihm liegt, was er aus sich macht, an seinen persönlichen Willensentscheidungen: Mein Leben – ein Kunstwerk.

Welchen Weg wir einschlagen, hat mit der Vision einer *Zukunft* zu tun, die wir uns erhoffen und wünschen. Abhängig davon, unter welchen Stern wir unser Leben stellen, welche Willensentscheidung wir treffen, klären sich die Werte, die wir haben, die Visionen, die wir ins Leben rufen und die Motive, die wir in uns keimen und anwachsen lassen. Wer will ich sein? Unter welchen *Stern* will ich *mein Leben stellen? Sage mir, was hast du vor, mit deinem einen, wilden, kostbaren Leben?*

Unsere Willensentscheidungen werden, so sagen Psychoanalyse und Tiefenpsychologie schon seit langem, und so sagt aktuell auch die Gehirnforschung, aus den Tiefen unseres Unbewussten heraus getroffen. Überraschend ist dabei, dass schnelle, intuitive Entscheidungen sich oft als ausgesprochen gut herausstellen. Unser Unbewusstes ist viel kompetenter als wir meinen. Es sortiert in Windeseile unglaubliche Datenmengen und wertet sie aus. Aber nach welchen Kriterien? Und was ist überhaupt Intuition? In der psychologischen Forschung wird sie häufig mit der Gefühlsfunktion gleichgesetzt und als Entscheidung „aus dem Bauch heraus" beschrieben. In der transpersonalen Psychologie, die sich besonders mit der Intuition befasst, wird das anders gesehen: „Intuition wird nicht romantisch verstanden als gefühlsmäßiges Handeln, sondern als das Prinzip der Steuerung unserer Wahrnehmung, unseres Denkens, Fühlens und Handelns." (Galuska, S. 13) Assagioli bezeichnet die Intuition als Instrument der spirituellen Einsicht und Joachim Galuska sagt, sie sei „eine offene, unbestimmte, gewissermaßen bereite Haltung, so dass etwas Neues entstehen kann, auftauchen kann, entdeckt werden kann, kreiert werden kann. Damit nimmt sie die Ideen unseres Herzens auf, ist beteiligt an den Visionen unserer Seele.“ (Galuska, S. 14)

Die Ideen des Herzens, so können wir Joachim Galuska verstehen, steuern unsere Intuition, sie sind ihr Wesenskern. Unsere intuitiven Entscheidungen werden von den Visionen unserer Seele gelenkt, vom Stern, dem wir uns unterstellt haben: Haben wir einen Abwehrwillen genährt und entwickelt, der aus den unverdauten Dramen, den unbewältigten Traumata und den nicht verheilten Verletzungen der Kindheitsgeschichte stammen, oder ist es ein Zuwendungswille, der dem *herzlichen Geheimnis Verbundenheit* entspringt, das der innerste Motor unserer Menschwerdung ist?

Die Willensentscheidung entspringt nicht dem Augenblick, deshalb kann sie auch nicht in ihrem ganzen Umfang bewusst sein. Sie wurzelt tief in der Vergangenheit und reicht weit in die Zukunft hinein durch die Vision, der sie folgt. Die Vergangenheitskräfte und die Zukunftsvision verdichten sich miteinander zum Augenblick der Entscheidung. Der Entscheidungsruck ist der Moment der Festlegung, der Augenblick, der neue *Zukunft* schafft. Die Entscheidung verbindet unaufhebbar das bisherige Innen der vergangenen Kräfte aus dem *Weltraum* und die angesichts des Sternenhimmels imaginierte *Zukunft* mit dem Außen der Realität, die durch sie hier und jetzt geschaffen wird.

Im geheimnisvollen Raum der Seele sind Vergangenheit und Zukunft im Moment gegenwärtig, die Seele lebt gewissermaßen zeitlos. „Es ist nie zu spät für eine glückliche Kindheit“, kann Milton Erickson sagen, weil die Vergangenheitskräfte immer wieder neu geordnet und umgeschaffen werden können. Aber auch die Zukunftskräfte wirken auf die Seele ein: „Die Wünsche sind die Erinnerungen, die aus unserer Zukunft kommen“, hat Rainer Maria Rilke einmal geschrieben. Mit unseren Wünschen und Visionen, mit unserer Sehnsucht und unserer Hoffnung spinnen wir ein zartes, unsichtbares Netz nach vorne in die Zukunft, ins Ungewordene hinein, in das, was erst noch werden soll. Auf diese Weise sind Vergangenheit und Zukunft immer miteinander im Gespräch, ein Gespräch für das wir heute, im gegenwärtigen Augenblick, Verantwortung tragen.

Petra, eine jüngere Klientin, hatte auf einer Studienreise einen Mann kennen gelernt, mit dem sich etwas angebahnt hatte. Die beiden würden sich aber einige Monate nicht sehen können. „Jetzt muss ich also warten“, sagte sie. „Nein“, entgegnete ich, „sondern die Wünsche behüten, die Erwartungen zähmen, die Gefühle bei dir haben, die Gedanken beruhigen und achtsam bei dem sein, was sich entwickeln will.“ Gedanken, Gefühle und Willensakte sind lebendige Kräfte, wie Assagioli sagt. Ihr zartes Netz ist wirklich vorhanden als geistige Gestalt, als im Inneren wirkende Wirklichkeit, die etwas erschaffen wird, je nachdem, wie ihre Fäden weiter gesponnen werden. Alle Wünsche und Hoffnungen tun das. Deshalb müssen sie so gut behütet werden. Eine Vision aber wirft einen ganzen Anker nach vorne, etwas, das viel substanzieller ist als die dünnen Fäden von Petras Wunschkräften. Eine Vision gibt den feinen Fäden Substanz. Und Substanz müssen sie bekommen, damit sie sich in der Nagelprobe des Lebens als haltbar erweisen werden.

Welches Netz wollen wir in unsere Zukunft hinein spinnen, welche Gestalt entwerfen? *Sage mir, was hast du vor …?* Hier kommt Ursula Staudingers Unterscheidung zwischen zwei möglichen positiven Lebensläufen wieder ins Spiel, zwischen dem Weg des Wohlergehens und dem Weg der Weisheit. Der Weg des Wohlergehens ist jener Weg, der in den Medien heute vielleicht als Bild des Älterwerdens am meisten präsent ist. Junggebliebene, fitte, gut aussehende, gebildete, pensionierte Menschen, die ihren Wohlstand und ihr Leben genießen. „Allein dadurch, dass wir älter werden, sind wir besser in der Lage, unser Wohlergehen sicherzustellen. Wir werden sozialkompetenter, zuverlässiger, emotional stabiler, widerstandsfähiger – alles ganz automatisch," sagt die Professorin. (Die Zeit, 6.3.08, S. 34) Sie fordert aber auch auf, uns vorzustellen, was geschieht, wenn die verbreitete Glückssuche vollends um sich greift und die „jungen Alten", höchst zufrieden mit sich und ihrem Leben, ihren Lebensabend genießen. Zumal sowieso eine Tendenz bestehe, in der Rückschau zu glätten und alles Vergangene zu vergolden. All das trägt nicht zur Entwicklung von Weisheit bei. Weisheit ist nur zu finden, wo sich losgelöste heitere Gelassenheit mit schöpferischer Unruhe verbindet, mit jener schöpferischen Unruhe, die bewirkt, dass wir uns aus dem Sessel erheben und uns auf den steinigen Weg machen, wie die kleine Hexe, wie Harry Potter, Hermine und Ron.

Der Weg des Wohlergehens führt allzu leicht in die Egozentrik und verrät die Generativität, die nach Erikson der Durchgang zur Weisheit ist: Professor Dumbledore, der kein großer Redner ist, hält nur ein einziges Mal, im sechsten Band, eine ernste, eindringliche Ansprache. Als einer der Schüler getötet wird, fordert er die anderen dazu auf, das Band der Freundschaft und des Vertrauens zu stärken. Er fordert die Schüler auf diese Weise dazu auf, sich unter den Stern der Zuwendung und der *Verbundenheit* zu stellen, vor allem dann, wenn die Zeit kommt, die ihnen die Entscheidung „zwischen dem, was richtig ist, und dem, was bequem ist" abverlangen wird!

Der bequeme Weg gibt die eigene Entwicklung ebenso auf wie die der Gemeinschaft. Wer nur noch das Leben genießt, hört auf, sein Potenzial weiter zu entfalten und Zukunft zu schaffen, individuelle und gemeinschaftliche. Denn der Erfahrungsreichtum der Einzelnen stellt einen Wert dar, von dem die ganze Gesellschaft profitieren kann, wie Ursula Staudinger betont, und Paul Baltes sagt: „Die entscheidende Frage ist ja: wie gestaltet man seinen Lebensverlauf? Wie gestaltet man einen Sinn des Lebens bis ins hohe Alter? Wie passt man sich in die Entwicklung des Menschen ein, in die Generationsdynamik? (...) die Vervollkommnung des Menschen muss an sich eine sein, die sich nicht nur auf die Person bezieht, sondern auch auf das Gemeinwohl. (...) Der Jugendwahn, der nun ausgedehnt wird, tut ja im Prinzip genau das Gegenteil. Er ist eine völlig egozentrische und egoistische Position, die vor allem dem Einzelnen für sich selbst ein besseres Leben geben soll." (Deutschlandfunk, 6.4.06)

Weise Menschen, das haben die Berliner Forschungen ergeben, wählen nicht ihr Wohlergehen als höchsten *Stern*. Sie wissen, dass es nicht darum geht, „immer gut drauf zu sein", stattdessen können sie lebensvolle, glückliche Erfahrungen, die angesammelte „Glücks- und Liebessubstanz" nutzen, um sie weiterzugeben und auch, um Schwerem standzuhalten. Sie wissen, wie sie die Haltung der *herzlichen Verbundenheit* in sich aufrufen können, die Freude und Dankbarkeit, Gleichmut und Hoffnung in sich trägt. Mit der Hoffnung hat alles angefangen, sie ist in Eriksons Lebensphasenmodell die allererste Qualität, die in der Kindheit erworben werden muss und zu ihr führt alles zurück. Sie ist die Qualität des Jungseins und des Wieder-jung-Werdens, die „offene, unbestimmte, gewissermaßen bereite Haltung" (Galuska), aus der Neues entstehen kann. „Hoffnung", sagt Erikson (1988, S. 104), „ist sozusagen reine Zukunft".

Die fünfte Säule: Das Unbekannte willkommen heißen

Und es will Vieles werden
Doch wir bemerken es kaum.
Jean Gebser

Das Alter, hat Jean Paul einmal gesagt, ist nicht trübe, weil darin unsere Freuden, sondern weil darin unsere Hoffnungen aufhören. Anders formuliert: Das Alter ist dann trübe, wenn unsere Hoffnungen sterben. Alte Menschen denken aber laut Paul Baltes viel an die Zukunft, zum Beispiel an die Zukunft ihrer Enkel. Der innere Zeithorizont älterer Menschen kann sogar größer sein als der jüngerer! Schließlich ist ja auch der Lebenszeitraum „bis hierher" größer als bei jungen Menschen und ermöglicht eine ebenso große Zukunftssicht „von hier ab". Die Persönlichkeit wächst in dem Maße, wie ein sich ausweitender Horizont bewusst wahrgenommen und handelnd erlebt wird. Das erfordert die Stärke und Entschlossenheit, immer wieder neu aus bisherigen Festlegungen auszubrechen und die Ereignisse des Lebens, wie sie kommen, geplant oder ungeplant, erwünscht oder unerwünscht, mit Neugierde, Offenheit, Akzeptanz und Liebe anzugehen.

Es erfordert eine innere Haltung des Nicht-Wissens. Wenn dem Jesuitenpater und Zen-Meister Hugo Enomiya-Lasalle diffizile und durchdachte Fragen gestellt wurden, war seine Antwort häufig: „Ich weiß es nicht." Ebenso wenig wie Sokrates hatte er Scheu davor, die Begrenztheit seines – und allen menschlichen Wissens – zu bekennen. Weisheit beginnt beim Staunen, sagt Sokrates auch, denn dies ist die Haltung des Nicht-Wissens.

Die Physik erklärt die Geheimnisse der Natur nicht, sie führt sie auf tieferliegende Geheimnisse zurück. Das bezieht sich ja auf alle Wissenschaft und alles Wissen überhaupt: Jede weitere Erkenntnis, jeder weitere Wissensschritt eröffnet neue Horizonte, eröffnet andere Fenster, aus denen wir auf neue, noch *tiefere Geheimnisse* schauen.

Ein Schüler von Roberto Assagioli berichtet, er habe Assagioli danach gefragt, warum er das kleine Boot auf seinem Schreibtisch, wenn es verschoben worden war, immer wieder in Richtung Fenster, dem freien Raum entgegen drehte: „Weil dies für mich das Abenteuer darstellt“, antwortete Assagioli. „Ich kann mich jeden Moment auf den Weg machen, wechseln, alles in Frage stellen.“ (Giovetti, S. 133)

Der Kern der fünften Säule der Weisheit ist das Wissen um die Ungewissheiten allen menschlichen Lebens. Wer diese Säule errichtet, hat ein Bewusstsein von der Wandelbarkeit des Lebens, für nicht vorhersehbare Ereignisse und Schicksalsschläge in Vergangenheit und Zukunft und verfügt über Strategien, Einstellungen und Kompetenzen, um mit der Ungewissheit umgehen zu können. Einstellungen und Kompetenzen wie Vertrauen und Spontaneität, Offenheit und Neugier, Akzeptanz und Liebe. Die Person weiß, dass sie sich verändert hat und immer wieder ändern wird – auch auf unvorhersehbare, auf überraschende Weise. Deshalb verwechselt sie ihre Hoffnungen und Zukunftswünsche nicht mit dem, was wirklich sein wird. Sie stellt sich stattdessen „unter einen *Stern*“, und stimmt zu, dass die Verwirklichung anders aussehen wird, als sie heute wissen kann, auch, weil diese nicht nur von ihr selbst abhängt, sondern in komplexer wechselseitiger Verbundenheit miteinander erschaffen wird – außen im Weltraum ebenso wie im Weltinnenraum der Seele.

Wie alles in der äußeren Welt miteinander zusammenhängt, beginnen wir gerade zu verstehen, zum Beispiel in der Ökologie, aber auch in der Finanzwirtschaft, die uns in diesen Tagen akut beschäftigt. Allerdings handeln wir noch lange nicht danach! Auch im Weltinnenraum bekommen wir eine Ahnung von der Komplexität unserer Psyche. Vielleicht begreifen wir sogar, wie Weltraum und Weltinnenraum zusammenhängen: „Der moderne Mensch, der die Natur bezwungen hat und ihre Energien ausbeutet, erkennt nicht, dass alles, was er in der Außenwelt unternimmt, in Wahrheit seinen Ursprung in ihm selbst, in seiner Seele hat und das Resultat seiner Wünsche, Instinkte, Impulse, Programme und Pläne ist. All das sind psychologische, also innere Vorgänge; jede äußere Handlung ist das Resultat eines solchen inneren Prozesses." (Assagioli 2008, S. 91) Deshalb ist die innere Entwicklung so unabdingbar wichtig: „Durch die vollständige Entfaltung unseres Potenzials werden wir zu einem Teil der Kraft, die die Zukunft schafft." (Csikszentmihalyi, S. 517)

Das eigene Potenzial kann nur vollständig entfalten, wer sich dem Leben in ganzer Fülle stellt, auch in seinen Grenzbereichen, die mit Gefahr und Tod, mit Trauer und Schuld zu tun haben. Solche existentiellen Erfahrungen können dann Veränderungsprozesse anstoßen, wenn sie verarbeitet und integriert werden.

In einer Gruppe von Menschen, die schon seit mehreren Jahren einen Entwicklungsweg miteinander geht, berichtet Sybille von nächtlichen Zuständen von Verzweiflung, Isolation, tiefster Einsamkeit und Erstarrung. Sie kamen überfallsartig, nachdem sie ein Buch über die Auswirkungen traumatischen Erlebens gelesen hatte: „Schlagartig wurde mir klar, woher die Probleme meiner jüngeren Tochter kommen. Ich habe das noch nie jemandem erzählt." Diese jüngere Tochter, jetzt ein Teenager, war schon immer ein Sorgenkind gewesen, nicht nur in schulischer Hinsicht, sondern auch in ihrer psycho-physischen Entwicklung und in Fragen der Lebensbewältigung und des sozialen Kontaktes. Sybille berichtet von ihr, dass sie ein Schreikind war, bei dem einfach nichts fruchten wollte. Sie schrie und schrie. Sybille schlief über viele Jahre nicht mehr durch. Da sie bereits zwei größere Kinder und auch sonst eine herausfordernde Lebenssituation zu bewältigen hatte, war sie am Rande ihrer Kraft, wusste sich nicht mehr zu helfen und geriet manchmal außer sich. Sybille sagte uns, dass sie dem Kind in ihrer Verzweiflung sogar ein Kissen aufs Gesicht gedrückt habe, damit es nur endlich einmal still wäre. Die Erinnerung an diese früheren Ereignisse war durch das Lesen des Buches aufgebrochen und Sybille von ihrem Schuldempfinden überwältigt worden: Wieder erlebte sie schlaflose Nächte, in Zuständen des Verlorengegangenseins in unbelebten, menschenfernen *Weltraum*regionen.

Die Gruppe reagierte auf diese Eröffnung zunächst mit hektischer Betriebsamkeit. Betroffenheit war im Raum zu spüren angesichts Sybilles Bericht, und auch Hilflosigkeit, mächtige Gefühle, die aber noch nicht gehalten und miteinander geteilt werden konnten. Von verschiedenen Seiten wurde ihr Trost zugesprochen, Verständnis geäußert und „Absolution" erteilt. Allmählich wurden wir alle ruhiger. Eine andere Frau erzählte von ihren Erlebnissen mit ihrem „Problemkind" und wie die Erfahrungen mit ihren eigenen Grenzen ihre Toleranz und Akzeptanz anderen Müttern gegenüber, mit denen sie beruflich zu tun hat, vergrößert hatte. Ein Mann berichtete davon, wie seine Mutter ihn in ihrer Hilflosigkeit körperlich attackiert hatte. Sybille sprach von ihrer Schuld. Ich bat sie, nachzuspüren, was innerlich geschah, wenn sie ein „Schuld"-Etikett auf ihr Erleben klebte.

Das half ihr, aus dem schuldbewussten Sich-Erinnern in die Gegenwart zu kommen und sich selbst stattdessen wahrnehmend und achtsam gegenüberzutreten. „Die Betroffenheit verschwindet dann“, sagte Sybille, und mit dieser Erkenntnis konnte sie ihre tieferen Gefühle wieder spüren, die Betroffenheit und die Trauer, ihr eigenes Leid und das der Tochter, und ihren Schmerz über die Situation, über ihr Handeln und über die Folgen. Es war nicht nur an Sybilles Gesicht und ihrem Körper zu sehen, sondern im Raum zu spüren, wie sich die Spannung löste und sich eine Welle von Lebendigkeit ausbreitete. Als ich Sybille daran erinnerte, dass das, was sie berichtet, längst *vergangen* ist und sie heute nicht mehr so handelt wie die junge Frau von damals es in ihrer Verzweiflung tat, konnte sie nicht nur mit Empathie und Mitgefühl auf das Kind schauen, sondern auch auf ihr jüngeres Ich und erkennen, in welch tragischer Verstrickung sie gefangen war. Sie konnte auch sehen, welchen langen Weg sie seither mit dieser Tochter gegangen ist, und dass sie sie verlässlich und treu begleitet, mit einer Zuwendung und Sorge, die das, was Kinder gewöhnlich brauchen, weit übersteigt. Sie konnte ihre Liebe und Verbundenheit mit ihr wieder spüren und sich selbst als wieder aufgenommen in die Gemeinschaft der Menschen erleben, aus der ihr Schuldgefühl sie hinausgeworfen hatte.

Wenige Wochen später erzählte Sybille mir von einem Durchbruchserlebnis der Tochter, die in erstaunlichem neuem Selbstbewusstsein einen öffentlichen Auftritt gemeistert hatte und überhaupt dabei war, aus ihrem inneren Schneckenhaus herauszutreten, in das sie sich zurückgezogen hatte. Sybille berichtete auch Neues über ihre ältere Tochter, die immer ein Vorzeigekind war. „Sie hat von allen Kindern am wenigsten emotionale Zuwendung von mir erhalten“, sagte Sybille, „und war immer sehr abgegrenzt und distanziert. Auf einmal sucht sie ganz anders meine Nähe und will über sich und die Fragen und Probleme sprechen, die sie beschäftigen, zum Beispiel ihren Freund betreffend." Sybille ist froh und dankbar, dass sie den Mut fand, sich in der Gruppe zu offenbaren.

Was hat in diesem Gruppengespräch dazu beigetragen, dass die existentielle Erfahrung von Schuld in eine Wendung finden und neue *Zukunft* sich eröffnen konnte?

Zunächst sprangen alle in Sybilles Gefühlszustand mit hinein – so saßen wir im „gleichen Boot". Da die Gruppe recht geübt ist im dialogischen Miteinander, blieb das Boot aber nicht auf *Vergangen*heitskurs. Durch unser aller Übung in Präsenz steuerten wir einen freien Raum an, in dem *Vergangen*heit und *Zukunft* ein neues Gespräch beginnen konnten. Sybille konnte der Vergangenheit in Achtsamkeit gegenübertreten. „Dieses Bewusstmachen und Integrieren sind Akte der Bescheidenheit und der Stärke: Wer die Kraft besitzt, die tiefsten Anteile der eigenen Persönlichkeit ins Bewusstsein zu heben, ohne sich von ihnen überwältigen zu lassen, dem gelingt ein wahrer Akt spiritueller Eroberung." (Assagioli 2008, S. 92) Sybille und wir alle mit ihr konnten die Gefahr des Überwältigtwerdens meistern und ein tragfähiges Feld erschaffen, um Leid und Schuld miteinander im Bewusstsein zu halten, so dass der nächste Schritt möglich wurde: Die Erkenntnis, dass das Schuldgefühl ein Etikett ist, eine *Vergangen*heitskraft, schuf einen „now-moment", einen Augenblick des Gegenwärtigseins, des Zu-sich-Kommens, in dem sich schöpferischer Atemraum eröffnete. Durch Sybilles versammelte Zuwendung zu ihrem inneren Erleben konnte daraus ein „moment of meeting" (Daniel Stern) erwachsen, ein Augenblick der Begegnung und der Verbundenheit.

Indem alle still und achtsam wurden, die Wirklichkeit anerkannten, die Dinge so nahmen, wie sie waren, und so auch die dunklen Seiten des Menschseins miteinander teilten, durfte die „Schuld“ aufgehen in einer größeren, mitfühlenden Zuwendung zu dem, was ist: Die Begrenzung der eigenen Kraft konnte anerkannt werden, die ohnmächtige Wut, die Hilflosigkeit und das Handeln, das daraus erfolgt war. Nichts brauchte mehr verleugnet zu werden, weil nichts verurteilt wurde, und so konnte die Abspaltung aufhören: „Was auch immer das Gefühl ist – ob Schmerz oder Freude –, es ist ein Geschenk und seine Schönheit liegt darin, dass es wahr ist und dir zeigt, dass du lebendig bist. Ich denke, das Ziel im Leben ist nicht, immer glücklich zu sein, sondern all unser Lachen zu lachen und all unsere Tränen zu weinen. Was auch immer sich in uns offenbart, es ist das Leben, das sich darin zeigt und es ist immer ein Geschenk, sich damit zu verbinden.“ (Rosenberg, S. 18)

Unter dem neuen Menschlichkeits*stern* am Himmel konnte größere Lebendigkeit erstehen. Auf diese Weise unser Menschsein zu erfahren, betrachtet der amerikanische Psychosynthese-Therapeut Thomas Yeomans (2005) als spirituelle Praxis, die zu psychologischer Reifung und zu spiritueller Weisheit und Stärke führt. „So können wir lernen, jede Dimension unserer menschlichen Erfahrung anzunehmen und als den Pfad zu verstehen, der uns zu unserer wahren Natur und zum vollen Ausdruck dessen erweckt, wer wir im tiefsten sind.“ (S. 11)

Wenn wir den „unteren, tieferen Teil von uns“ anerkennen, hat Assagioli gesagt, „so heißt das nicht, dass wir uns ihm preisgeben. Sondern dass wir uns darauf vorbereiten, ihn zu transformieren.“ (Assagioli 2008, S. 92) Transformation bedeutet nicht etwa, dass es darum geht, etwas ganz anderes zu werden, als wir sind, es meint vielmehr, ganz und gar Mensch, ganz und gar uns selbst zu werden. *Scheint es nicht, dass er alt, sehr alt werden musste, um ganz er selbst zu werden? Sich selbst werden* meint ja, das aus sich herauszuentwickeln, was als Potenzial im Inneren schon angelegt ist. „Das Kind bringt aktiv aus sich heraus den Menschen hervor", hat Maria Montessori gesagt hat und die kleine Hexe will einfach nur „groß werden" und nicht etwa großartig. Zur Weisheitsentwicklung führt der Wille zur Menschwerdung, nicht der Wille, dem Menschsein „davonwachsen" zu wollen – und das ist im Grunde das Allerschwerste!

Denn die Motive, die all unserem Streben zugrunde liegen, sind ja zunächst nicht sehr verschieden. Die meisten davon lassen sich auf den tiefen Drang zurückführen, dem Leiden und der Angst vor dem Tod zu entkommen. Entwicklung ist unter einem gewissen Blickwinkel immer ein „Unsterblichkeitsprojekt". Das Wissenwollen, die Wissenschaften und das Weisheitsstreben wollen letztlich Angst und Ungewissheit beseitigen und Sicherheit schaffen und dienen damit auch der psychischen Abwehr. Psychologie und Psychotherapie beispielsweise wollen zur Selbstvergewisserung beitragen, Konzepte entwickeln, die dabei helfen, das Ausgeliefertsein an die innere Dynamik zu begrenzen – so wie auch dieses Buch. Leider fallen wir dann selbst oft auf die Theorien und Konzepte herein, die wir geschaffen haben, und verwechseln sie mit der Realität. Wir gehen uns selbst auf den Leim und glauben, im Besitz der Wahrheit zu sein. Das ist dann das Ende des Offenseins, der Neugier und jedes offenen Forschergeistes: Alles Schöpferische entspringt der Kraft und der Fähigkeit, im Unsicheren verweilen zu können, im Zweifel, im Geheimnisvollen. Die Spannung, die daraus erwächst, macht gerade das Schöpferische aus. Der Weg der Weisheit ist ein Weg, der die innere Kraft stärken will, so dass die Ungewissheitsspannung gehalten werden kann, ohne sie vorschnell lösen zu wollen. Der Weg der Weisheit ist ein Weg, der das Unbekannte nicht fürchtet, der verweilen kann im Geheimnisvollen, der kein Ankommen kennt, keine endgültige Wahrheit: *Die Physik erklärt die Geheimnisse der Natur nicht* ... Alles Wissen, alles Forschen führt letztlich ins Unerforschliche hinein, ins Unendliche.

Damit der Raum offen bleiben kann für Weiterwachsen und Wandlung, ist das Bewusstsein vom Nicht-Wissen, vom Unfassbaren, und Unkontrollierbaren, vom Mysterium, vom Geheimnis nötig, das Bewusstsein von der unbegrenzten Offenheit des Seins.

Die Konfrontation mit existentiellen Grenzsituationen, mit dem Unfassbaren und dem Unkontrollierbaren, können uns der Weisheit näherbringen, aber auch genau das Gegenteil bewirken, die Abwehrmechanismen verstärken und die Abspaltung vom Lebendigsein vertiefen. Hier scheiden sich die Geister: Voldemorts „Unsterblichkeitsprojekt" ist von ganz anderer Art als jene, die die kleine Hexe, Harry Potter oder Professor Dumbledore im Sinn haben. Ab hier gehen Weisheit und Magie endgültig verschiedene Wege. Der Magier will das Leben für seine egoistischen Interessen manipulieren; der Weise will dem Leben dienen. Der Magier fragt: Wie kann ich das Leben meinem Willen unterwerfen? Wie kann ich meinen Willen durchsetzen? Der Weise fragt: Wie kann ich das Leben schützen und stärken? Was will das Leben von mir? Was will werden? Wie kann ich dazu beitragen, dass es werden kann?

Und es will Vieles werden, doch wir bemerken es kaum, heißt es in einem Gedicht von Jean Gebser. Die Kunst der Weisheit besteht darin, wahrzunehmen, was *werden will* und ihm hilfreich zur Seite zu treten. Weisheit und Magie unterscheiden sich an der tiefen Motivation, die dem Handeln zugrunde liegt. „Es kommt nicht so sehr darauf an, was wir machen, sondern wie wir es machen. Das Wie ist das Spirituelle“, sagt die buddhistische Meditationslehrerin Ayya Khema, und Assagioli drückt es so aus: „Spirituelle Bedeutung und innere Wirkung eines jeglichen Handelns hängen wesentlich von den tiefen Beweggründen ab, durch die sie inspiriert sind. Sie sind dessen eigentlicher Kern.“ (2008, S. 258) *Sage mir, was hast du vor mit deinem einen, wilden, kostbaren Leben?* Was wollen wir ins Leben bringen? Welchem Ziel uns unterstellen? Um was geht es uns wirklich im Allertiefsten? Wollen wir „groß werden“ – oder nur großartig? Der sprechende Hut flüstert Harry bei seinem Schuleintritt zu, er könne groß und mächtig werden im Haus der schwarzen Magier, in Slytherin. Aber Harry hat ganz andere *Träume,* die er dem Hut *erzählt*: Nicht Slytherin!

Unter welchen Stern stelle ich mein Leben? Ist es ein Stern, der das Leben lebendig halten will, oder einer, der sich das Leben aneignen und unterwerfen möchte? Ist es ein Stern, der das Unbekannte willkommen heißen kann oder ist es ein Stern der Eigenwilligkeit und der egozentrischen Selbstbestimmung, die sich nichts Größerem unterstellen will?

Voldemort will sich keinesfalls auf das Unbekannte einlassen und sich zu seiner menschlichen Sterblichkeit bekennen. Er kann und will diese Bedingung seiner menschlichen Existenz nicht hinnehmen, nicht akzeptieren, er verleugnet sie und kann sie nicht integrieren. Was nicht integriert wird, bleibt aber Stückwerk und kann nicht zu wirklicher Ganzheit, zur Synthese finden.

Steht die Entwicklung aber unter dem *Stern* größerer Lebendigkeit, dann kann eine Persönlichkeit erwachsen, die alles, was zu ihr gehört, in fruchtbare Verbindung und eindeutige Ausrichtung bringt. Im Englischen gibt es dafür ein eigenes Wort: „wholeheartedness", einen Herzens sein, ohne doppelten Boden, ohne Zwiespalt, ohne Ambivalenz.

Professor Dumbledore erklärt Harry, dass Lord Voldemort nicht erkennt, dass Tod und Dunkelheit nur beängstigend sind, weil uns in ihnen das Unbekannte gegenübertritt. Voldemort will „nicht tot" sein. Aber „nicht tot sein" ist keine wirkliche Lebendigkeit. Lebendigkeit meint ja etwas Organisches, etwas Belebtes, etwas Beseeltes, das als Ganzes wächst und immer wieder neu wird, also sich wandelt. Lebendigkeit bedeutet „Groß-werden-Wollen", weiterwachsen wollen in eine Zukunft hinein, die ich jetzt noch nicht kennen kann, wie die kleine Hexe. Oder wie Professor Dumbledore, der den Tod nicht scheut, damit die Zukunft sich öffnen kann, damit Zukunft möglich wird. Weil es Zukunft – wirkliche *Zukunft, an der alle Sterne teilhaben*, die also nicht nur Fortsetzung dessen ist, was schon ist – ja nur geben kann, wenn das Alte stirbt.

Voldemort aber fürchtet insgeheim die Dunkelheit, obwohl er der „dunkle Lord" genannt wird, er fürchtet sie als das Unbekannte. Er will ja nicht etwa seinen unteren, tieferen Teil erlösen, er will ihn rückhaltlos ausleben. Weder kann er Ohnmacht, Ausgesetztsein und Hilflosigkeit seiner Kindheitsgeschichte anerkennen und damit beginnen, sie zu wandeln, noch kann er die Ungewissheit seines Lebensverlaufes erkennen und das Beste daraus machen. Er kann keine Fehler eingestehen, und deshalb auch nicht daraus lernen. Er hält sich für „schon fertig" und kann deshalb auch nicht weiterwachsen.

Erikson unterscheidet zwischen Totalität und Ganzheit. Totalität entsteht, wenn eine Persönlichkeit nicht organisch wachsen konnte. Im Gegensatz zur Ganzheit täuscht sie eine

Bruchlosigkeit vor durch Ausgrenzung all dessen, was nicht ins Bild passt, während Ganzheit durch Integrität erwächst, durch die erworbene Fähigkeit, das eigene Selbst – mit allen Wunden, Brüchen und Defiziten – in einen größeren Zusammenhang zu bringen, einen Zusammenhang, der das eigene Leben übersteigt und der bewirkt, dass man sich in seiner individuellen Sterblichkeit als Teil der Zukunft fühlt und weiß, dass man seinen Teil dazu beiträgt, dass sie *werden* kann.

Dumbledore, der sich seinem Sterben stellt und über seinen Tod hinaus vertraut, dass das Leben siegen wird, verkörpert vollkommen Eriksons Ideal der Integrität: „Hier nimmt die Stärke die Form jenes distanzierten und doch aktiven Interesses am Leben an, das durch den Tod gebunden ist und das wir Weisheit nennen ..." (Erikson, zit. n.: Csikszentmihalyi, S. 322)

Und es will Vieles werden, doch wir bemerken es kaum. Wenn die Generativität schließlich auch Weisheit erlangt hat, kann sie die *herzliche Verbundenheit* aufrechterhalten, die die eigene Biografie mit den Vorfahren verknüpft, deren Errungenschaften weitertragen und verwandeln, so dass sie zukunftsfähig werden und in den kollektiven Strom kultureller Entwicklung einmünden können. Dann kann sich die Person in „distanziertem und doch aktivem Interesse" dem Leben zuwenden, so weit ihr *Vermögen* reicht, im Wissen um die Unwägbarkeit, Ungewissheit, Unvorhersehbarkeit und letztliche Offenheit menschlicher Existenz:

Naomi, eine amerikanische Psychosynthese-Therapeutin, die Assagioli noch persönlich gekannt hatte, hatte ihr Leben dem Täter-Opfer-Ausgleich im Umfeld der Thematik des Dritten Reiches gewidmet. In ihren Seminaren übten sich jüdische und deutsche Teilnehmer im Versöhnungs-Dialog. Mitten in ihrer Schaffensphase wurde Naomi durch eine schwere Krebserkrankung unterbrochen und musste schließlich erkennen, dass sie ihre Pläne nicht zu Ende führen konnte. Im inneren Dialog klagte sie „Assagioli“, den sie als Symbol für ihre innere Weisheit gewählt hatte, ihr Leid: „Ich habe meine Lebensaufgabe nicht zu Ende geführt“. „Assagioli“ sah sie im inneren Bild mit jenem Lächeln an, das auf vielen Fotos zu sehen ist und das seine Biografin dazu bewogen hat, ihn den „Vater der lächelnden Weisheit“ zu nennen: „Ich auch nicht.“

Epilog: Einen Herzens sein

Wir alle vergessen, dass die Leidenschaft nicht bloß eine starke sinnliche Verschmelzung ist, sondern eine Seinsweise, die ähnlich wie bei den Mystikern ein ekstatisches Bewusstsein für die Gesamtheit des Lebens wachruft.
Anaïs Nin

Auch in Otfried Preußlers Jugendroman „Krabat“ geht es um Magie. Krabat, der Held des Buches, wird Lehrjunge in einer Mühle, deren Müller „dem mit der Hahnenfeder“ dient. Neben der Arbeit werden die Müllerburschen vom Meister in die schwarzen Künste eingeführt. Krabat erweist sich als gelehriger Schüler. Zu spät erkennt er, dass es aus der Mühle kein Entkommen gibt.

Die Geschichte um die Wünsche und Verstrickungen des Entwicklungsweges, um das Anwachsen des Wissens und Könnens und um das Erstarken der Willenskraft kann nicht innerhalb der Mühle gelöst werden, sondern nur „von außen“, aus der Distanz: Krabats *Stern* ist ein Mädchen, das er nach der durchwachten Osternacht frühmorgens singen hört: Jubelnd hebt ihre Stimme „fast zugleich mit den fernen Glocken“ an, die seit Tagen geschwiegen hatten. Krabat kennt diesen Brauch des Wechselgesanges, bei dem das Mädchen mit der „schönsten und reinsten Stimme“ vorsingt und die anderen im Chor antworten. Wie verzaubert lauscht Krabat auf die Stimme der Vorsängerin, der Kantorka. Als er sie sieht und in ihre großen, sanften Augen blickt, kommt er nicht mehr davon los. Ihre Augen, die im Schein der Osterkerzen leuchten, begleiten ihn und zünden ein neues Licht in Krabat an. Von seiner Liebe zur Kantorka darf niemand wissen, sonst droht Gefahr. Sie aber hat die Kraft und die Furchtlosigkeit, dem Müller ihren Liebsten abzufordern: „‚Gib mir', begehrte sie ‚meinen Burschen heraus!'" Mit verbundenen Augen muss sie ihn unter den Gesellen herausfinden. Gelingt es ihr nicht, werden sie beide sterben.

Von Anfang an bis hierher sind wir der Spur der Liebe gefolgt. Im Prolog habe ich die Vision des Weise-Bleibens beschrieben. Die Vision, dass das Feuer der Liebe, das als Potential schon immer in der menschlichen Natur angelegt ist, entwickelt und entfacht werden könnte: Die Liebe, die Kraft der Zuwendung zu dem, was ist, wächst auf dem Weg der Weisheit immer höher empor, wie eine Flamme, die dem Himmel entgegen blüht. Wir haben die erkennende Kraft der Liebe in ihrer Entwicklung begleitet – vom Eifer ihres Wissenwollens über ihre Vertiefung als emotionale Intelligenz, ihre Zentrierung zur Selbstbewusstwerdung bis zu ihrer Ausrichtung auf einen Zukunfts-*Stern* und zu ihrem Über-sich-selbst-Hinauswachsen in die Synthese ihrer größeren Gestalt hinein. Wir haben sie auf ihrem Wachstumsweg begleitet bis hierher zur Kantorka: Als sie dem Müller sagt, dass sie Krabat liebhat, bricht dieser in Gelächter aus. Er glaubt nicht, dass sie ihn blind erkennen kann. Sie aber sagt nur schlicht: „Ich kenne ihn". Und so ist es.

Die Kantorka braucht keine Zauberkünste. Sie löst das existentielle Problem, die tödliche Bedrohung allein durch die Kraft ihres versammelten Herzens: *Wir alle vergessen, dass die Leidenschaft nicht bloß eine starke sinnliche Verschmelzung ist, sondern eine Seinsweise, die ähnlich wie bei den Mystikern ein ekstatisches Bewusstsein für die Gesamtheit des Lebens wachruft.* Die Kantorka hat das Feuer der Liebe zu tiefer Glut entfacht, zu einem Bewusstsein, das höchste Erkenntniskraft besitzt: Weisheit. Das Mädchen erkennt seinen Liebsten mit verbundenen Augen. Wie sie ihn herausgefunden habe, will Krabat wissen. Sie habe, sagt sie, seine Angst gespürt. „Angst um mich: daran habe ich dich erkannt."

Die Kantorka hat eine Kraft, die nicht „Formel um Formel" erlernt wird, wie die Zauberei, sondern „aus der Tiefe des Herzens" zuwächst, „aus der Sorge um jemanden, den man lieb hat". Die junge Frau ist nicht im Besitz von Zauberkünsten. Sie würden ihr ohnehin nichts nützen. Hier ist alle Zauberei am Ende. Krabats ganze Vorbereitung war umsonst, seine mühsam erlernte schwarze Kunst weiß nicht mehr weiter. Der Meister macht ihm einen Strich durch die Rechnung, die Prüfung ist ganz anders gestaltet, als Krabat dachte. Alles Bewältigungswissen, jede Möglichkeit der Kontrolle ist am Ende, wenn es „ums Ganze" geht.

Zunächst brauchen wir das Gewusste und Erlernte, denn ohne Wissen, Kenntnisse und Fähigkeiten gibt es keine Entwicklung. Bei der ersten Weisheitssäule fängt es ja eben damit an. Aber wenn es „ums Ganze" geht, um die existentiellen Fragen menschlichen Lebens, kann das Wissen nicht mehr weiterhelfen, dann hilft nur noch der Sprung auf ein neues Niveau, in eine andere Dimension von Sein und Lebendigkeit: „Die Angst vor dem Unbekannten und vor der Zukunft kann überwunden werden durch Entwicklung von Wissen und Weisheit. Die Wissenschaft hat der Menschheit geholfen, viele abergläubische Ängste zu überwinden. Je mehr man weiß, desto weniger fürchtet man. Doch erst die Erleuchtung ist die wahre spirituelle Erkenntnis und die tiefste und direkteste Intuition; sie ist das Sich-eins-Fühlen mit der Wahrheit und mit dem Leben, die in ihrem Wesen eine einzige Wirklichkeit sind." (Assagioli 2008, S. 180)

Das Loslassen unserer Gewissheiten, die Selbst-Transzendenz, das Über-sich-selbst-Hinauswachsen bringen wir mit

Tod und Sterben in Verbindung, weil es der Augenblick völliger Selbst-Hingabe ist. Die eingefahrenen, begrenzenden Wahrnehmungsmuster, die alten Selbst- und Weltbilder, sie alle müssen sterben, damit wir aus unserer Alltagstrance erwachen und Lebenswissen gewinnen. *Wir alle vergessen, dass die Leidenschaft nicht bloß eine starke sinnliche Verschmelzung ist, sondern eine Seinsweise, die ähnlich wie bei den Mystikern ein ekstatisches Bewusstsein für die Gesamtheit des Lebens wachruft:* Anaïs Nins Leidenschaft als Seinsweise ist die entwickelte Form der Haltung, die die kleine Hexe vorlebt: Ihre wache Neugier, ihre Frische der Empfindungen und ihre leidenschaftliche Zuwendung zum Leben haben in Krabats Liebster zur Vollendung gefunden. Die Kantorka verkörpert bedingungslose Liebe.

Als archetypische Gestalt braucht die Kantorka ihre Liebesfähigkeit nicht erst zu entwickeln, so wie Krabat und auch Harry es tun müssen, obwohl Dumbledore nicht müde wird, zu wiederholen, dass Harrys innerster Antrieb, seine Begabung und sein Schutz immer schon die Liebe ist. Aber Harry ist nicht nur jung und muss noch seine Persönlichkeit ausbilden, genau wie Krabat, sondern überhaupt auf dem Entwicklungsweg, auf dem es immer noch ein „Mehr" zu erringen gibt und die Haltung des einen Herzens erworben und geübt werden muss, so dass der Quantensprung geschehen kann: Vom „Wissenden" hin zum offenen Anfängergeist eines Lernenden, vom „Rechthabenden" zum wirklichen Zuhören in radikalem Respekt vor der anderen Person, vom „Reagieren" zum „In-der-Schwebe-Halten" der eigenen Reaktion auf den anderen und vom „Belehren" hin zum „Sprechen von Herzen".

Einen Herzens sein: Paul Baltes hat von einem „Mehr" gesprochen, von einem Mehr an Leben, das den Jahren hinzugefügt werden solle. Dieses „Mehr" verstehe ich als eine

Steigerung der Lebensintensität durch wachsende Kraft der Präsenz und durch Entwicklung der Liebesfähigkeit.

Erkenntnis wird zu Weisheit, wenn sie durch Liebe motiviert und von Liebe getragen ist, so dass sie mit Leidenschaft *ein ekstatisches Bewusstsein für die Gesamtheit des Lebens wachruft.* Liebe, sagt Marshall Rosenberg, der die Gewaltfreie Kommunikation lehrt, ist die „Freude daran, dem Leben zu dienen (...). Eine Pflanze zu gießen und sich zu freuen, dass sie wächst (...). Wenn ich aus dieser Haltung dem Leben diene, wenn ich alles, was ich tue, ganz allein aus der Freude an allem Lebendigen tue, nicht aus Pflichtgefühl, Schuldgefühlen oder weil es in der Bibel steht, dann erfülle ich mir damit eines der Bedürfnisse, die für mich am wichtigsten sind: das Bedürfnis nach Sinn." (S. 88f.)

Der Weg der Weisheit, sagt Ursula Staudinger, ist unbequem und steinig. Ihn zu gehen lohnt sich, weil wir so das *Bewusstsein für die Gesamtheit des Lebens* erlangen können. Assagioli (zit. n. Parfitt 1992, S. 139) sagt dazu: „Wir alle stehen in Verbindung miteinander, nicht nur sozial und auf körperlicher Ebene, sondern auch über den Strom unserer Gedanken und Emotionen, die einander durchdringen (...) Verantwortungsgefühl, Verständnis, Mitgefühl, Liebe, Nicht-Verletzen – das sind die wahren Glieder der Kette, die uns verbindet, und sie müssen in unseren Herzen geschmiedet werden."

Literatur

Assagioli, R. (1982): Die Schulung des Willens, Junfermann, Paderborn

Assagioli, R. (2004): Handbuch der Psychosynthese. Grundlagen, Methoden, Techniken, Nawo-Verlag, CH- 8153 Rümlang/ZH

Assagioli, R. (2008): Psychosynthese und transpersonale Entwicklung, Nawo-Verlag, CH-8153 Rümlang/ZH

Assagioli, R. (2008 b): Gespräche über das Selbst. Eine Unterhaltung mit Roberto Assagioli, in: Psychosynthese, Zeitschrift, 10. Jg., Heft 18, 3 – 6, Nawo-Verlag, CH-8153 Rümlang/ZH

Assagioli, R. (2009): Harmonie des Lebens, Nawo-Verlag, CH-8153 Rümlang/ZH

Bach, D. (2001): Gib, was du nicht bekommen hast, Karma und Psyche, Simon und Leutner, Berlin

Bauer, J. (2007): Prinzip Menschlichkeit. Warum wir von Natur aus kooperieren, Hoffmann und Campe, Hamburg

Beauvoir, S. d. (2000): Das Alter, Rowohlt, 1977, Reinbek b. Hamburg

Bohm, D. (1998): Der Dialog. Das offene Gespräch am Ende der Diskussion, Klett-Cotta, Stuttgart

Buber, M. (1997): Das dialogische Prinzip, Schneider, Gerlingen

Csikszentmihalyi, M. (1997): Kreativität. Wie Sie das Unmögliche schaffen und Ihre Grenzen überwinden, Klett-Cotta, Stuttgart

Erikson, E. (1988): Der vollständige Lebenszyklus, Suhrkamp tb, Frankfurt a. M.

Erikson, E. (1993): Identität und Lebenszyklus, Suhrkamp tb, Frankfurt a. M. (1973)

Ernst, H. (2008): Weitergeben! Anstiftung zum generativen Leben, Hoffmann und Campe, Hamburg

Ferrucci, P. (1991): Werde was du bist. Rowohlt, Reinbek b. Hamburg

Filipp, S. H., Staudinger, U. M. (Hrsg.) (2005): Entwicklungspsychologie des mittleren und höheren Erwachsenenalters, Vol. 6: Enzyklopädie für Psychologie, Hogrefe, Göttingen

Frey, N. (2004): Wie alles sich zum Ganzen webt. Eine Betrachtung der Psychosynthese; in: Psychosynthese, Zeitschrift, 6. Jg., Heft 11, 3 –23, Nawo-Verlag, CH-8153 Rümlang/ZH

Friedan, B. (1995): Mythos Alter, Rowohlt, Reinbek b. Hamburg

Fromm, E. (1999): Gesamtausgabe, DTV, München
Galuska, J. (2003): Die erwachte Seele und ihre transpersonale Struktur; in: Transpersonale Psychologie und Psychotherapie, 9. Jg., Heft 2, 6–17
Giovetti, P. (2007): Roberto Assagioli. Leben und Werk des Begründers der Psychosynthese, Nawo-Verlag, CH-8153 Rümlang/ZH
Goldberg, E. (2007): Die Weisheitsformel. Wie Sie neue Geisteskraft gewinnen, wenn Sie älter werden, Rowohlt, Reinbek b. Hamburg
Goleman, D. (2002): Emotionale Intelligenz, DTV, München
Herschkowitz, N. (2008): Was stimmt? Das Gehirn. Die wichtigsten Antworten, Herder, Freiburg
Hillesum, E. (1985): Das denkende Herz. Rowohlt, Reinbek b. Hamburg
Hüther, G. (2004): Die Macht der inneren Bilder. Wie Visionen das Gehirn, den Menschen und die Welt verändern, Vandenhoeck & Ruprecht, Göttingen
James, W. (1997): Die Vielfalt religiöser Erfahrung. Eine Studie über die menschliche Natur, Insel Tb, Frankfurt a. M.
Jung, C. G. (1995): Die Archetypen und das kollektive Unbewußte, Walter, Düsseldorf
Jung, C. G. (1990): Typologie, DTV, München
Parfitt, W. (1992): Psychosynthese, Aurum, Braunschweig
Pfluger-Heist, U. (2007): In der Seele liegt die Kraft, Nawo-Verlag, CH-8153 Rümlang/ZH
Reichert, G., Winter, K. (2006): Vom Geheimnis der heiteren Gelassenheit, Nawo-Verlag, CH-8153 Rümlang/ZH
Ricard, M., Singer, W. (2008): Hirnforschung und Meditation. Ein Dialog, Suhrkamp Verlag, Frankfurt a. M.
Rosenberg, M. B. (2004): Konflikte lösen durch gewaltfreie Kommunikation. Ein Gespräch mit Gabriele Seils, Herder, Freiburg i. Br.
Scherf, Henning ([3]2007): Grau ist bunt. Was im Alter möglich ist, Herder, Freiburg i. Br.
Siegel, D. (2007): Das achtsame Gehirn, Arbor Verlag, Freiamt
Spitzer, M. (2003): Nervensachen. Geschichten vom Gehirn, Suhrkamp tb, Stuttgart
Staudinger, U. M. (2005): Weisheit, Lebens- und Selbsteinsicht, in: Weber, H., Rammseyer, T. (Hrsg.): Handbuch der Psychologie. Hogrefe, Göttingen
Staudinger, U. M. (2005): Lebenserfahrung, Lebenssinn und Weisheit, in: Filipp, S. M., Staudinger, U. M. (Hrsg.): Entwicklungspsycholo-

gie des mittleren und höheren Erwachsenenalters, 740–757. Hogrefe, Göttingen
Stern, D. (1992): Die Lebenserfahrung des Säuglings, Klett-Cotta, Stuttgart
Stern, D. (1998): „Now-Moments", implizites Wissen und Vitalitätskonturen als Basis für psychotherapeutische Modellbildungen; in: Trautmann-Voigt, S., Voigt, B. (Hrsg): Bewegung ins Unbewusste. Beiträge zur Säuglingsforschung und analytischen Körperpsychotherapie, S. 82–96, Brandes & Apsel, Frankfurt a. M.
Sternberg, R. J. (1998): A Balance Theory of Wisdom. Review of General Psychology, 2, 347–365
Winterhoff, M. (2008): Warum unsere Kinder Tyrannen werden. Oder: Die Abschaffung der Kindheit, Gütersloher Verlagshaus, Gütersloh
Wirtz, U. (2003): Die spirituelle Dimension der Traumatherapie; in: Transpersonale Psychologie und Psychotherapie, 9. Jg., Heft 1, 4 –17
Yeomans, Th. (2005): Lebendige Erfahrung – eine spirituelle Praxis; in: Psychosynthese, Zeitschrift, 7. Jg., Heft 13, 10–17, Nawo-Verlag, CH-8153 Rümlang/ZH

Interessierte Leser können die Autorin unter folgender Adresse erreichen:

Ulla Pfluger-Heist
Tilsiterstraße 10
D-88267 Vogt
psychosynthesehaus@gmx.de

Das Psychosynthese Haus bietet regelmäßig Seminare, Fort- und Weiterbildungen an.